Über Liebe spricht man doch

ECON Ratgeber

Robert J. Sternberg
Catherine Whitney

Über Liebe spricht man doch

... sechs Lektionen
in Beziehungsintelligenz

ECON Taschenbuch Verlag

Die Deutsche Bibliothek – CIP-Einheitsaufnahme

Sternberg, Robert J.:
Über Liebe spricht man doch: . . . Sechs Lektionen in Beziehungsintelligenz/
Robert J. Sternberg; Catherine Whitney. [Aus dem Amerikan. übers. von
Andrea Esser]. – Dt. Erstausg. – Düsseldorf; Wien: ECON Taschenbuch Verl.,
1993
(ETB; 20449: ECON-Ratgeber)
Einheitssacht.: Love the way you want it <dt.>
ISBN 3-612-20449-1
NE: Whitney, Catherine:; GT

Deutsche Erstausgabe

First published in USA by Bantam Books, New York
Titel des amerikanischen Originals: LOVE THE WAY YOU WANT IT
Aus dem Amerikanischen übersetzt von Andrea Esser

Februar 1993
Umschlaggestaltung: Molesch/Niedertubbesing
Satz: Formsatz GmbH, Diepholz
Druck und Bindearbeiten: Ebner Ulm
Printed in Germany
ISBN 3-612-20449-1

Dieses Buch ist Ellen Berscheid und Elaine Hatfield gewidmet, die durch ihr persönliches und fachliches Engagement zum Entstehen dieser beachtlichen wissenschaftlichen Studie über die Liebe beigetragen haben.

Meinen Dank möchte ich Catherine Whitney aussprechen, die meine Gedanken in eine für den Leser verständliche Form umgesetzt hat. Außerdem möchte ich mich bei meinen Verlegerinnen Alexandra Penney und Barbara Alpert für ihre Unterstützung bei der Verwirklichung dieses Buches bedanken. Dank auch an meinen Agenten John Brockman, der mir geholfen hat, einen guten Verlag zu finden. Und schließlich gilt mein Dank all denen, die im Laufe meines Lebens dazu beigetragen haben, daß ich die »Liebe – mit Verstand« erlernen konnte.

Inhalt

Teil 1

Total verliebt

Kluge Reaktionen ausgeschlossen

Ich höre es nicht gerne, wenn man mich als Intelligenzexperten bezeichnet, weil das für mich immer nach Besserwisserei klingt.

Ich habe mich ausführlich mit dem Thema befaßt, das beinahe jeden von uns beschäftig: »Was hat Liebe mit Intelligenz zu tun?« Praktisch gesehen stellt sich die Frage: »Warum bin ich in meinem Beruf so erfolgreich, aber so ungeschickt in meinen persönlichen Beziehungen?« oder »Wenn ich doch einen so hohen I. Q. habe, warum ist dann mein Liebesleben so miserabel?« Ich entschloß mich schließlich, Liebe und Intelligenz zu erforschen, zu einer Zeit, in der mein eigenes Privatleben im argen lag. Diese Untersuchung beruhte nicht nur auf einem akademischen Interesse. Ich dachte, es müßte einen besseren Weg geben, den zwischenmenschlichen Beziehungen auf die Spur zu kommen. Genauer, einen *intelligenteren* Weg.

Als ich dieses Buch schrieb, war dies der Versuch, die einzelnen Bestandteile der Liebe herauszufinden, sie auseinanderzunehmen und von innen heraus zu betrachten. Doch ich wußte, daß Verstehen nur ein Teil des Wissens ist. Der nächste Schritt besteht darin, dieses Wissen in die Praxis des Alltags umzusetzen. Das vorliegende Buch ist das Ergebnis meiner Untersuchung darüber, wie diese Liebesgleichung wirkt. Was hat Intelligenz mit Liebe zu tun? Die meisten Menschen ordnen diese beiden Begriffe verschiedenen Bereichen zu. Liebe ist Intuition und Gefühl; Intelligenz ist Verstand und Überlegung. Wir verlieben uns spontan, aber wir entscheiden uns bewußt für einen Beruf. Diese Annahme läßt viele von uns resignieren. Wir akzeptieren, daß wir uns kindisch und sogar selbstzerstörerisch verhalten, wenn wir verliebt sind. Wir glauben nicht an die Möglichkeit, unsere Beziehungen glücklicher gestalten zu können. Es erscheint uns zu strategisch. Wir befürchten, daß unsere Beziehungen ihre Romantik verlieren könnten, wenn wir sie derart planen.

Wenn es Ihnen wie den meisten Menschen ergeht, deren Beziehungen scheitern, fühlen Sie sich schuldig und quälen sich mit Selbstvorwürfen. Sie glauben, sie hätten wissen müssen, wie man eine Beziehung *clever* gestaltet. Aber warum hätten Sie es wissen sollen? Wo haben Sie gelernt, in Ihrer Beziehung klug zu handeln?

In diesem Buch werden Sie erfahren, daß es so etwas wie eine Beziehungsintelligenz gibt. Ich werde Ihnen zeigen, wie Sie Ihre Beziehungen eindrucksvoll, glücklich und erfüllt gestalten können, indem Sie neue Techniken anwenden, die Sie niemals in der Schule oder im Beruf kennengelernt haben.

Ohne diese Beziehungsintelligenz ist man empfänglich für allerlei romantische Mythen, an die man sich im Leben klammert und von denen man glaubt, daß sie die Liebe steuern. Wenn Sie einmal die Techniken der Beziehungsintelligenz erlernt haben, werden Sie besser verstehen, wie gegenstandslos diese Mythen wirklich sind.

Dann werden Sie auch erkennen, warum sich die Art von Intelligenz, mit der Sie auf anderen Gebieten Ihres Lebens so erfolgreich sind, nicht auf die Liebe anwenden läßt.

Kapitel 1

Von der Liebe enttäuscht

Der Mythos der vollkommenen Beziehung

Betrachten Sie Ihr Liebesleben, und stellen Sie sich folgende Fragen:

Wie bin ich jemals zu dieser Beziehung gekommen?
Warum bin ich immer noch in dieser Beziehung?
Wie hätte ich sie/ihn verlieren können?
Warum mache ich mit ihr/ihm immer wieder dieselben Fehler?
Warum reden wir immer aneinander vorbei, anstatt miteinander zu reden?
Warum komme ich nicht dahinter, was an unserer Beziehung nicht stimmt?
Warum kann ich sie/ihn nicht ändern?

Wenn Sie ähnlich reagieren wie die meisten Menschen, so sind Ihnen all diese Fragen oder einige von ihnen nicht fremd. Ganz gleich wie intelligent, kompetent oder geschickt Sie in anderen Lebensbereichen sind bei dem Versuch, Ihre Fähigkeiten auf den Bereich der Liebe zu übertragen, werden Sie sicherlich immer wieder frustriert werden. Dieses Dilemma ist für viele Menschen eine schmerzliche Erfahrung. Jedes Jahr rennen Millionen von Männern und Frauen in Buchläden oder verfolgen einschlägige Fernsehtalkshows, um zu erfahren, warum ihre Beziehungen nicht funktionieren. Sie suchen einen neuen Schlüssel zu diesem Rätsel, bleiben aber oftmals unbefriedigt. Tatsächlich hat sich das Allgemeinwissen zum Thema Erfolg in der Liebe in den letzten Jahren trotz genauer Untersuchungen in den Medien nicht sehr verbessert. Wir sind wohl aggressiver bei der Suche nach Lösungen als die Generationen vor uns, aber die meisten von uns glauben immer noch an die alten Weisheiten, ohne ihren Wert in Frage zu stellen. Wenn unsere Beziehungen scheitern, so machen wir uns selbst Vorwürfe. Nur selten kommen wir auf die Idee, unsere Grundeinstellungen in Frage zu stellen. Obwohl bestimmte Vorstellungen über Liebe allgemein als Tatsachen akzeptiert werden; haben wissenschaftliche Untersuchungen über Beziehungen gezeigt, daß sie nicht ganz zutreffend sind. Wir geraten in unseren Beziehungen in Schwierigkeiten, wenn wir die Realität an diesen Mythen messen; zum Beispiel: »Wenn er mich liebte, würde er . . .« oder »Ich dachte, Menschen, die sich lieben, würden . . .« Da sich die Kluft zwischen unseren von der Kultur geprägten Erwartungen und unserer derzeitigen Lebenslage vertieft, glauben wir, daß etwas mit uns nicht stimmt. Wir nehmen diese Mythen über Beziehungen bereitwillig an, da sie uns als Wegweiser nützlich erscheinen, die wir auf dem unsicheren Weg der Liebe brauchen. Kein anderer Schauplatz unseres Lebens ist so sehr von Verwirrung und Unsicherheit geprägt; nur in der Liebe sind wir dauernd auf der Suche nach Lösungen. Da uns Leitsätze fehlen, halten wir uns an allgemeine Vorstellungen, selbst wenn sie nicht mit unseren Erfahrungen übereinstimmen. Unsere Literatur beinhaltet viele Antworten, die uns mit unseren Problemen doch alleine lassen.

Der erste Schritt zur Entfaltung einer Beziehungsintelligenz ist zu erkennen, warum die allgemeinen Mythen der Liebe nicht wahr sind. Es gibt vieler solcher Mythen; die Menschen richten sich Tag für Tag nach ihnen. Ich habe zehn weitverbreitete Mythen ausgesucht, um die Kluft zwischen unserer Liebesideologie und unserem wirklichen Leben zu veranschaulichen.

Erster Mythos

Das beste Zeichen für eine glückliche Beziehung ist die Tiefe der Gefühle füreinander.

Als Michael Barnes von der Universität Yale und ich die Gründe für eine gelungene Beziehung erforschten, fanden wir heraus, daß das beste Zeichen für eine glückliche Beziehung – entgegen der allgemeinen Annahme – nicht die Tiefe der Gefühle füreinander ist. Vielmehr läßt sich der Erfolg einer Beziehung daran messen, inwieweit sich das tatsächliche Gefühl Ihres Partners für Sie von dem unterscheidet, was Sie als ideal empfinden. Vereinfacht ausgedrückt, die Differenz dessen, was Sie glauben sich zu wünschen und dem, was Sie glauben zu bekommen.

Jason und Cynthia waren schon drei Monate befreundet, doch Jason war dauernd auf der Hut, da er befürchtete, daß Cynthia zu schnell auf eine Bindung drängen würde. Genau das möchte er im Moment nicht, denn es ist gerade zwei Jahre her, daß seine Ehe nach sieben Jahren scheiterte. Seine Gefühle für Cynthia sind tief, doch er glaubt, mehr Zeit zu brauchen, bevor er sich erneut binden kann.

Warum glaubt Jason, daß Cynthia auf eine Bindung drängen wird, zu der er noch nicht bereit ist? Er kann es nicht genau erklären, aber vieles deutet darauf hin: ihre Art, viele Fragen zu stellen und ihr übergroßes Interesse an seinen Antworten; seine Art, beiläufig zu erwähnen, daß er mit anderen Frauen ausgeht; ihre Art, so besorgt um ihn zu sein, und ihre überaus emotionalen Reaktionen auf alles, was er sagt und tut.

Wenn man Cynthia zu ihrer Beziehung befragte, so würde sie sagen: »Ich fühle eine starke Bindung zwischen uns. Ich glaube, wir sind füreinander bestimmt.« Es beunruhigt Cynthia, daß Jason manchmal so zurückhaltend wirkt, aber sie baut darauf, daß sich das mit der Zeit ändert. Und Zeit werden sie ja haben, denn Cynthia erwartet, daß sie für immer zusammenbleiben.

In Wirklichkeit liegen Welten zwischen Jasons und Cynthias Vorstellungen von der Zukunft ihrer Beziehung. Aber stellen Sie sich ein anderes Szenario vor: Was würde geschehen, wenn sich Cynthia und Jason unsterblich ineinander verliebten und jede Gelegenheit, sich zu treffen, kaum erwarten könnten? Wenn Jason ebenso leidenschaftlich empfinden würde wie Cynthia? Selbst wenn sie beide die Tiefe ihrer Gefühle gleich empfänden, würde all das noch nichts über ihre zukünfigen Aussichten als Paar verraten. Jason könnte zwar tiefe Liebe für Cynthia empfinden, sich aber dennoch gegen eine Bindung sträuben. Er könnte seine Gefühle ganz anders erleben als Cynthia.*

Der vielleicht größte Mythos der Liebe ist der folgende: Je tiefer die Liebe empfunden wird, desto

* Ich habe die Beispiele dieses Buches aus meiner Alltagspraxis ausgewählt. Namen und leicht zu identifizierende Details wurden zum Schutze der Personen verändert.

»wahrer« ist sie – und desto besser paßt ein Paar zusammen. Wenn aber die Verbindung zwischen Gefühl und Wahrnehmung mißlingt, wundert man sich oftmals, daß eine so hoffnungsvolle Beziehung scheitern konnte.

Wenn es um Liebe geht, setzen wir übermäßiges Vertrauen in unsere Gefühle: Herzklopfen, feuchte Hände, ein Taumel von Verlangen und Leidenschaft. Wenn diese Gefühle auftreten, halten wir das für den untrüglichen Beweis dafür, daß wir *verliebt* sind. Aber Gefühle liefern nur eine unsichere Grundlage für Schlußfolgerungen über die Stärke einer Beziehung. Wenn Wahrnehmung und Erwartung nicht übereinstimmen, so können auch alle Gefühle der Welt nichts an dieser Tatsache ändern.

Zweiter Mythos

> Das Zusammenleben vor der Hochzeit zeigt, ob man in der Ehe miteinander auskommen wird.

Nick und Charlene lebten schon fast drei Jahre zusammen, bevor sie heirateten. Beide waren in ihrem Beruf erfolgreich – Nick als Rechtsanwalt und Charlene als Einkäuferin für eine große Warenhauskette. Während der Zeit, in der sie miteinander lebten, waren beide damit zufrieden. Jeder war für den anderen da, sie vermieden es jedoch, sich gegenseitig auf die Füße zu treten. Sie waren überzeugt davon, füreinander geschaffen zu sein, und so heirateten sie.

Charlenes Enttäuschung kam bereits wenige Monate nach der Hochzeit. Nick schien verändert. Zuerst waren diese Veränderungen unbedeutend, aber mit der

Zeit wurde er immer unruhiger. Wenn sie sich jetzt stritten, beschuldigte Nick Charlene immer öfter, sie würde versuchen, ihn zurückzuhalten. Diese Haltung verwirrte sie, denn ihre Beziehung war immer partnerschaftlich gewesen – eher auf Gegenseitigkeit, als auf Abhängigkeit beruhend.

Außerdem bemerkte Charlene, daß Nick sich nun von einigen ihrer wichtigen Vereinbarungen, die sie vor ihrer Heirat getroffen hatten, distanzierte, z. B. Kinder zu bekommen und ein Haus zu kaufen. Er meinte, sie seien für solch große Verpflichtungen noch nicht reif genug, doch Charlene zweifelte daran, hatten sie doch vor ihrer Hochzeit schon drei Jahre lang zusammengelebt. Für sie war die Eheschließung gerade ein Zeichen dafür, daß sie für größere Verpflichtungen reif genug waren.

Wie konnten Nick und Charlene ihre Beziehung so unterschiedlich einschätzen, nachdem sie schon drei Jahre lang zusammengelebt hatten?

Tatsächlich lassen sich statistisch gesehen mehr Menschen scheiden, die vor der Ehe schon zusammen gelebt haben, als solche, die vor der Heirat nicht zusammengelebt haben. Doch dieses Zusammenleben war als Test dafür gedacht, ob die Beziehung dieses Paares funktionieren würde. Warum also funktionierte es nicht? Es ist wahrscheinlich eine Mischung aus zahlreichen Gründen. Erstens sind Menschen, die vor der Ehe zusammenleben, eher zurückhaltend, wenn es um Verpflichtungen geht als solche, die vorher nicht zusammenleben. In diesem ersten Zusammenleben versuchen sie sich jenseits aller vernünftigen Zweifel davon zu überzeugen, daß die Dinge auf lange Sicht schon funktionieren werden. Doch wenn sie einmal verheiratet sind, bleibt oft ihre Zurückhaltung gegenüber Verpflichtungen bestehen. Wie schon vor der Ehe stellen sie ihren Partner auch weiterhin auf die Probe. Wenn ihnen der Ernst ihrer Entscheidung bewußt wird, können sie dies nur schwer akzeptieren, besonders dann, wenn Schwierigkeiten auftreten. Und irgendwann tauchen in jeder Ehe Schwierigkeiten auf.

Eine zweite Erklärung dafür, daß Menschen, die vor der Ehe schon zusammengelebt haben, eher Schwierigkeiten miteinander haben, hängt mit dem psychologischen Umstand zusammen, der mit dem Begriff der »Reaktanz« bezeichnet wird. Reaktanz bedeutet soviel wie Auflehnung gegen eine spürbare Bedrohung der eigenen Freiheit. Wir nennen dies auch das Syndrom des in die Falle gegangenen Wolfes. Die Menschen unterscheiden sich in ihrer Anfälligkeit gegen die Reaktanz, so wie sich auch ihre Reaktionen voneinander unterscheiden würden, wenn man sie inhaftieren oder unter Hausarrest stellen würde. Menschen, die schon vor der Ehe zusammenlebten, sind für diese Reaktanz wahrscheinlich empfänglicher. Tatsächlich könnte diese Veranlagung Teil dessen sein, was sie dazu brachte, erst einmal zusammenzuleben, denn so bestand die Möglichkeit, jederzeit fortzugehen, sobald sie sich eingeengt fühlten. Doch nach der Hochzeit ist es sehr viel schwieriger, fortzugehen. Sie werden das als Einschränkung ihrer Freiheit empfinden.

Heutzutage betrachten viele Paare die Möglichkeit, bereits vor der Ehe zusammenzuleben, als beste Möglichkeit zu prüfen, ob sie diese Verpflichtung auf Dauer halten können. Sie möchten eine Garantie dafür, daß alles gut laufen wird. Doch es gibt im Leben und in der Liebe keinerlei Garantien, oft erreicht man mit dieser

»Ehe auf Probe« genau das Gegenteil dessen, was man beabsichtigt hatte.

Dritter Mythos

Die Liebe besiegt alles – auch die größten Barrieren eines Partners vor seiner Selbstachtung.

Tina litt unter Minderwertigkeitsgefühlen. In ihrem Leben gab es nur gescheiterte Beziehungen, und so suchte sie schließlich kompetenten Rat, um herauszufinden, warum sie immer wieder an Männer geriet, die sie herabsetzten. Ihre Beziehungen verliefen meist nach einem bestimmten Muster. Anfangs behandelten die Männer sie gut, doch wenn sie sie näher kennenlernte, behandelten sie sie zunehmend schlechter. Das verstärkte um so mehr ihre tiefsitzende Meinung, daß sie eigentlich zu nichts nutze war. Es war eine Art Botschaft, die ihr ein Leben lang eingehämmert worden war; erst durch die Eltern, später durch Lehrer und nun durch die Männer, die sie kennenlernte. Sie wollte mit Hilfe des Therapeuten einen Weg finden, sich Männern öffnen zu können, ohne ihre zahlreichen Unzulänglichkeiten aufzudecken.

Der Therapeut erkannte das Muster im Verhalten der Männer ihr gegenüber, das sich im Laufe der Zeit änderte. Nach einigen Monaten Therapie sah Tina ein, daß sie den Verlauf ihrer Beziehungen tatsächlich mißdeutete. Durch ihr geringes Selbstwertgefühl forderte sie die Männer heraus, sie so geringschätzig zu behandeln. Wenn Männer sie gut behandelten, so erweckte sie den Eindruck, sie halte nicht viel von ihrem Urteil gegenüber ihr oder Menschen im allgemeinen. Wenn

Männer sie aber erniedrigten, so bestärkte sie deren Verhalten, indem sie unbewußt signalisierte, daß ihre Einschätzung zutraf. Da die Männer dafür belohnt wurden, sie herabzusetzen, wurde ihr Verhalten durch das von Tina selbst aufgebaute Verstärkungssystem gefestigt. Sie behandelten sie so, wie sie glaubte, es zu verdienen. Doch wenn sie Tina gewonnen hatten, hatten sie sie ironischerweise bereits verloren. Wenn sie sie erst einmal schlecht genug behandelt hatten, verließ sie sie entweder, weil sie glaubte, erniedrigt worden zu sein, oder die Männer verließen sie, sobald sie die Botschaft verstanden hatten, daß Tina nicht gut genug für sie war.

Dieser selbstzerstörerische Kampf ist nicht ungewöhnlich in Beziehungen, in denen ein Partner Probleme mit seinem Selbstwertgefühl hat. Doch es steht im Kontrast zur allgemeinen Annahme, daß ein Mensch mit geringer Selbstachtung nur positive Bestärkung braucht, um sein Selbstwertgefühl aufzubauen. Warum sprach Tina nicht auf die positive Rückkopplung an, die sie von den Männern zu Beginn jeder Beziehung erhielt?

Ein Mensch mit geringem Selbstwertgefühl fühlt sich eher bei einem Partner geborgen, der ihre oder seine »Geschichte« noch unterstützt, als bei jemandem, der eine Veränderung in dieses Selbstwertgefühl bringt. Es ist für ihn geradezu bedrohlich, wenn er auf einmal mit positiver Verstärkung bestürmt wird. Ohne sich dessen bewußt zu sein, neigen Menschen mit geringer Selbstachtung dazu, sich Partner auszusuchen, die ebenso empfinden. Denn wenn sie mit einem Menschen zusammenleben, der sie zu hoch einschätzt, ist es ihnen unmöglich, die Kluft zwischen diesen Erwartungen zu überwinden. Es gelingt ihnen nicht, jemandem zu vertrauen, der eine so gegensätzliche Meinung von ihnen hat.

Tina mißtraute automatisch Männern, die sie aufbauten. Sie nahm an, daß diese Männer nur deshalb nett zu ihr waren, weil sie sie noch nicht genug kannten, um ihre vielen Fehler zu erkennen. Oder, noch schlimmer, sie vermutete, daß die Männer sie vorsätzlich täuschen wollten, wenn sie weiter mit ihr befreundet waren, um irgend etwas von ihr zu bekommen. Tinas Einstellung zu sich selbst zu verändern erforderte jahrelange Therapie. Ihre Geschichte war schon zu tief verwurzelt. Es genügte nicht, wie man es sich vielleicht romantisch vorstellen könnte, daß ein liebevoller Mann erscheinen würde, der sie mitreißen und mit Zuneigung überschütten würde.

Es ist ein weitverbreiteter Mythos, daß ein Mensch den anderen durch die Kraft seiner oder ihrer Liebe ändern kann. Doch wenn jemand unter seinem geringen Selbstwertgefühl oder auch unter anderen Blokkierungen seiner Persönlichkeit leidet, so kann die Lösung nicht von außen erzwungen werden. Wir *wollen* glauben, daß wir unsere geliebte Person retten und die Hindernisse beseitigen können. Wir *wollen* glauben, daß Liebe – speziell *unsere* Liebe – alles besiegen kann. Aber wirkliche Veränderung und Reife muß von innen heraus kommen. Sie kann nicht von außen gesteuert werden, sosehr wir dies auch versuchen.

Dieser Mythos tritt oft bei Paaren auf, wenn ein Partner alkohol- oder drogenabhängig ist. Eine Frau, deren Mann Alkoholiker war, sagte mir einmal: »Ich weiß, er trinkt, weil er nicht genug Selbstvertrauen hat.

Wenn ich ihm begreiflich machen könnte, daß ich ihn wirklich liebe und respektiere, so wie er ist, müßte er nicht mehr soviel trinken.« Diese Frau versuchte es bereits fünf Jahre lang – ohne Erfolg. Ihre Worte des Beistands waren für ihn leer, und oftmals ärgerte er sich auch noch über ihre Versuche, ihn zu kontrollieren. Sie wiederum war wütend darüber, daß er sich nicht änderte. Solange sie es sich nicht eingestehen würde, daß die Sucht ihres Mannes außerhalb ihrer Macht lag, würde sie weiter in dieser zerstörerischen Beziehung gefangengehalten sein.

Vierter Mythos

Religion ist nicht mehr so wichtig für eine harmonische Ehe, wie sie es früher einmal war.

Die Angaben, die meine Untersuchungsassistentin in Yale, Sandi Wright, und ich gesammelt haben, zeigen, daß im Gegensatz zur allgemeinen Annahme die Bedeutung der Religion für die Ehe nicht abnimmt. In einer unserer Studien untersuchten wir die Faktoren, die im Laufe einer Beziehung an Bedeutung gewinnen oder verlieren. Wir gingen von der Voraussetzung aus, daß einer der Gründe, warum Beziehungen mit der Zeit in Krisen geraten, der war, daß die Partner in den wichtigen Bereichen ihres späteren Lebens weniger übereinstimmten als in denen, die zu Beginn ihrer Beziehung für sie bedeutend waren. Wir fanden heraus, daß von all den Faktoren, die an Wichtigkeit zunahmen, die Zusammengehörigkeit im religiösen Glauben der wichtigste war; wichtiger als alle anderen Faktoren.

Sam und Janet liebten sich sehr und heirateten trotz

ihres unterschiedlichen religiösen Hintergrunds. Sam war jüdisch, Janet römisch-katholisch. Sie betrachteten sich als modernes Paar, das mit dieser Verschiedenheit leicht fertig werden würde. Doch als ihr erstes Kind geboren wurde, kam Spannung in ihre bis jetzt harmonische Bindung. Sie entschieden sich, das Kind im Glauben beider Religionen zu erziehen, doch das war leichter gesagt als getan. Zum ersten Mal sahen sie sich mit der Tatsache konfrontiert, daß jeder von ihnen an der Tradition des anderen teilhaben und sie tolerieren mußte. Die Lage spitzte sich zu, als Sam sich weigerte, an Weihnachten zu Hause zu sein, falls Janet darauf bestehen würde, einen Weihnachtsbaum und eine Krippe aufzustellen. Er hatte sich niemals vorstellen können, daß es ihn so aufregen würde mitanzusehen, daß sein Kind an einem christlichen Fest teilnahm.

Am Anfang können die Partner noch gut mit ihrer mangelnden Übereinstimmung im religiösen Glauben zurechtkommen, doch wenn Kinder dazukommen, tauchen Schwierigkeiten auf. An diesem Punkt möchte meist jeder Partner, daß sein Kind in seinem oder ihrem Glauben erzogen wird, um so mit einer soliden geistlichen Grundlage ausgestattet zu sein. Das Problem wird besonders dann akut, wenn große religiöse Meinungsverschiedenheiten bestehen – wie etwa zwischen einem Juden und einer Katholikin.

Natürlich gibt es auch Mischehen, die gut funktionieren. Aber der Mythos, daß die Liebe ausreicht, selbst größte Kompromisse auszuhalten, bewahrheitet sich nicht immer. Wenn diese Kompromisse in der ersten Zeit der Ehe dem Partner zuliebe geschlossen wurden, können sie später zur Ursache der Unzufriedenheit werden; besonders dann, wenn die Gewohnheiten des Partners aus Kultur- und Wertsystemen entspringen, die nicht zu seinem Hintergrund gehören. Wir haben uns so gut eingerichtet in unserer verweltlichten Gesellschaft, daß wir in unserer Beziehung häufig erst spät erkennen, wie tief unsere Wurzeln tatsächlich sind.

Dieser Ansatz läßt sich auch auf Beziehungen anwenden, in denen die Partner große Meinungsverschiedenheiten in wichtigen Wertvorstellungen haben. Schon oft hörte ich Menschen klagen: »Wir sprechen nicht dieselbe Sprache.« Was sie vermutlich wirklich sagen wollen, ist: »Wir glauben nicht an dieselben Dinge.« Paare, die keine gemeinsame Grundeinstellung haben, empfinden es als schwierig, ihre Beziehung über lange Zeit aufrechtzuerhalten.

Fünfter Mythos

Eine der besten Möglichkeiten, den Partner einzuschätzen ist, die Familie zu betrachten, aus der er kommt.

Ist es nicht vernünftig anzunehmen, daß jemand, der in einer geborgenen und liebevollen Familie aufgewachsen ist, einen großen Vorteil für seine Beziehungen mitbringt? Auf jeden Fall würde jemand, der in einer Vorbildfamilie großgeworden ist, eher diese Qualitäten mitbringen.

Aber die Erziehung ist nur ein Faktor von vielen, die in Beziehungen eine Rolle spielen. Wichtig sind nicht die Erfahrungen, die man gemacht hat, sondern das, was man aus ihnen gelernt hat. Ich kenne eine Frau namens Jane, die eine gestörte Kindheit hatte. Ihr Vater war Alkoholiker und mißbrauchte sie sowohl physisch als auch psychisch. Ihre Mutter konnte sich gegen das, was in ihrem Hause geschah, nicht zur Wehr setzen, und so täuschte sie vor, nicht zu wissen, welcher Schaden ihrer Tochter zugefügt wurde.

Als Erwachsene nutzte Jane ihre Erfahrungen positiv. Mit Hilfe einer Therapie lernte sie, ihre Vergangenheit als Beispiel dafür anzusehen, wie man sich in einer Beziehung nicht verhalten sollte. Sie ist eine liebevolle und fürsorgliche Frau, die das fehlende Vorbild ihrer Eltern durch das anderer Erwachsener ersetzt hat.

Ebenso wie Jane aus einer negativen Erziehung positive Kräfte zog, kann es aber auch umgekehrt geschehen. Wir können enttäuscht werden, wenn wir uns bei der Frage, ob jemand ein guter Partner sein wird, auf engstirnige Vorurteile verlassen.

Einige Menschen sind geradezu besessen von ihrer Vergangenheit. Sie können tatsächlich ihr Leben lang in Therapien verbringen, als Entschuldigung und um Wege zu finden, andere für ihre Erfolglosigkeit verantwortlich zu machen. (»Meine Eltern waren weder warmherzig noch liebevoll, darum kann ich auch niemals warmherzig und liebevoll sein.«) Doch die Vergangenheit ist im wörtlichen Sinne *vergangen*. Ihr einziger Wert für Gegenwart und Zukunft ist der eines Bezugspunktes. Die Menschen sind nur dann Opfer ihrer Vergangenheit, wenn sie dies wollen.

Sechster Mythos

Leidenschaft und Sexualität sind zu Beginn einer Beziehung das wichtigste.

Eric hatte schon eine Reihe von Frauen kennengelernt, bevor er begann, mit Stephanie auszugehen. Er bevorzugte anspruchsvolle, erfahrene Frauen. Stephanie war ganz anders, doch Eric war fasziniert von ihrer Scheu und Unerfahrenheit. Er genoß seine Rolle als Lehrer, und sie fühlte sich sicher in seinen Händen, die sie umsorgen und ihr über ihre Unsicherheit hinweghelfen würden. Obwohl ihrer sexuellen Beziehung die Leidenschaft fehlte, die Eric gewohnt war, schienen beide zufrieden zu sein.

Mit der Zeit jedoch wurde Eric frustriert, da Stephanie sich nicht zu der Geliebten entwickelte, die er sich erhofft hatte. Auch Stephanie war frustriert. Obwohl Eric seine Leidenschaft in der Sexualität ausdrückte, fühlte sie, daß ihm echte Vertrautheit fehlte. Ihre sexuelle Beziehung, die anfangs noch funktioniert hatte, wurde nun zu einem Hindernis.

Aus den Angaben, die ich gesammelt habe, geht hervor, daß die Bedeutung von Leidenschaft und Sexualität in den mittleren Jahren einer Ehe zunimmt. Zwei bis fünf Jahre nach Beginn einer Beziehung sind Leidenschaft und Sexualität wichtiger als zu Anfang.

Im ersten Rausch ihrer Verliebtheit neigen Menschen dazu, die Fehler, die sie an ihrem Partner entdekken, zu übersehen. Sie glauben, daß sich mit der Zeit einige Kanten abschleifen werden. Doch im Laufe der Zeit werden die Fehler, die früher unwichtig waren, immer störender.

Die Menschen werden besonders kritisch und fordernd, wenn es um Sexualität geht. Wenn einmal die erste Flamme erloschen ist, fühlen sie sich beunruhigt, und Sex wird zur Routine. Dann erst wird Leidenschaft immer wichtiger. Das berühmte »verflixte 7. Jahr« (das häufig nach vier oder fünf Jahren auftritt) entsteht zum Teil durch das Schwinden von Leidenschaft. Als Eric und Stephanie bemerkten, daß ihre Beziehung zu scheitern drohte, suchten sie Hilfe bei einem Sexualtherapeuten, er ihnen zeigte, daß Leidenschaft und Sexualität in einer Beziehung wachsen und reifen müssen, um nicht abzuflauen.

Siebter Mythos

Die »Chemie« ist der unvorhersehbare Faktor in einer Beziehung.

Im allgemeinen halten wir die »Chemie« für eine mysteriöse, absolut unvorhersehbare Größe. Doch wissenschaftliche Untersuchungen zeigen, daß wir die Art zu lieben, die wir in unserer Kindheit entwickelt haben, als Erwachsene in unseren Beziehungen wiederholen. Wenn wir an den Mythos glauben, daß uns Liebe »passiert«, erkennen wir die destruktiven Verhaltensmuster nicht – und können sie deshalb nicht vermeiden.

Ein brillanter Psychotherapeut aus New York namens Jeffrey Young entwickelte eine Therapieform, die er »Schematherapie« nannte. Nach Young wachsen wir alle mit sogenannten frühkindlichen »Nichtanpassungsschemata« auf, die wir aus frühen Erfahrungen heraus zur Bewältigung unseres Lebens entwickeln. Eines dieser Schemata, das der Verwundbarkeit, läßt eine Person andauernd Bedrohungen ihrer persönlichen Unversehrtheit empfinden, sei es finanzieller, emotionaler, intellektueller, berufsbedingter oder anderer Art. Ein solcher Mensch wächst vielleicht mit dem Gefühl der Unsicherheit auf und sieht die Schwäche und Hilflosigkeit der Menschen, die um ihn sind. Ein anderes Schema, das der Verlassenheit, ergibt sich wahrscheinlich aus dem Gefühl, in der Kindheit alleingelassen und hilflos gewesen zu sein. Diese Furcht, geliebte Menschen zu verlieren, führt zu einer Weigerung, jemanden zu lieben. Andere Schemata erfassen Abhängigkeit, Furcht vor Verlust der emotionalen Kontrolle, Unvermögen zu lieben, emotionalen Verlust, sozialen Ausschluß, sexuelle Unerwünschtheit, Mißtrauen, Geringschätzung, Unvermögen, Minderwertigkeit, unrealistische Ansprüche, übertriebene Selbstkontrolle, Schuldgefühle, unangemessene Selbstdisziplin sowie unrealistischen Freiheitsdrang.

Wenn wir über die »Chemie« in einer Beziehung sprechen, sind wir uns oft nicht bewußt, daß ein vorhersehbarer Aspekt der »Chemie« die Neigung ist, sich Menschen auszusuchen oder sich von solchen angezogen zu fühlen, die unsere frühkindlichen Nichtanpassungsschemata verstärken. Diese Schemata sind bezeichnenderweise primitiv und unbewußt, und sie kleben an uns wie elektrostatisch aufgeladene Unterwäsche. Sie sind so sehr ein Teil unserer Persönlichkeit, daß wir sie, selbst wenn sie uns bewußt werden, nicht aufgeben können. Das ist nach Young einer der Gründe, warum wir uns zu solchen Menschen hingezogen fühlen, die dies verstärken.

Nicht alle frühkindlichen Schemata führen zur Nichtanpassung. Aber die »Chemie« hat die Eigenschaft, starke Reaktionen hervorzurufen – und diese Reaktionen zielen oft auf die frühkindlichen Nichtanpassungsschemata.

Lucy lernte in ihrer frühen Kindheit, daß sie in ihrer Familie dann am besten überlebte, wenn sie niemandem zu nahe kam. Die Beziehungen innerhalb der Familie waren kühl – wenn ein Familienmitglied sich zu sehr näherte, zogen die anderen sich sofort zurück. Man war der Ansicht, daß sich die einzelnen Familienmitglieder mit Respekt behandeln sollten, was bedeutete, daß man sich nicht in die persönlichen Angelegenheiten des anderen einmischte. Lucys Eltern waren distanziert, und sie vermieden offene Zuneigung. Als Lucy erwachsen wurde, hielt auch sie lieber Distanz zu anderen Menschen. Und als sie ihre ersten Beziehungen einging, fühlte sie sich zu Männern hingezogen, die ihrerseits auch keine Nähe zuließen. Obwohl sie Männer bewunderte, die ihr vertrauten, entdeckte sie, daß sie diese Männer nicht »anmachten«. Also waren ihre chemischen Reaktionen auf ihr frühkindliches Nichtanpassungsschema, nämlich Distanz zu suchen, darauf zurückzuführen – selbst wenn sie sich offensichtlich nach Vertrautheit sehnte.

Nach Mary Ainsworth, eine Professorin an der Universität von Virginia, die kindliche Muster der Zuneigung untersuchte, kann ein Kind, das von seiner Mutter für relativ kurze Zeit getrennt ist, auf drei verschiedene Arten reagieren, sobald die Mutter den Raum betritt. Der Typ des sicheren Kindes erkennt die Mutter, ist glücklich darüber und zeigt nur geringen Unmut über die kurze Trennung. Es steht ganz im Gegensatz zu dem abweisenden Kind, welches die Mutter nach der Rückkehr völlig ignoriert. Beide Typen von Kindern unterscheiden sich wiederum von dem ängstlich/zwiespältigen Kind, das sich verzweifelt an die Mutter klammert, sobald sie zurückkehrt, und die Trennung nur schwer verkraften kann.

Was aber hat dies mit Beziehungen im Erwachsenenalter zu tun? Dr. Phillip Shaver von der Universität New York in Buffalo hat gemeinsam mit seinen Kollegen herausgefunden, daß wir als Erwachsene dazu neigen, das Zuneigungsmuster zu wiederholen, das wir in der Kindheit entwickelt haben. Derjenige, der schon als Kind sicher war, wird dies auch als Erwachsener sein. Und derjenige, der als Kind entweder abweisend oder ängstlich/zwiespältig war, wird dieses Schema als Erwachsener fortsetzen. So ist die Chemie in einer Beziehung zumindest teilweise vorhersehbar.

Untersuchungen von Elliot Blass und seinen Kollegen von der Johns-Hopkins-Universität setzen mit ihrer Frage nach der »Chemie« noch einen Schritt vorher an. Obwohl er seine Untersuchungen an Ratten vornahm, wäre es durchaus denkbar, die Untersuchungsergebnisse auf Menschen anzuwenden. Blass untersuchte junge Ratten, die von Müttern geboren wurden, die durch Tauchbäder einen bestimmten Geruch angenommen hatten. Als die Babyratten erwachsen wurden und sich einen Partner suchten, bevorzugten sie Ratten, die denselben Geruch hatten wie ihre Mütter. Mit anderen Worten: der Geruch, der sie mit der Mutter verband, schien die chemische Bindung der Ratte an ihren Partner zu beeinflussen. Obwohl es noch lange dauern wird, bis wir das Phänomen der Chemie – die Anziehungskraft eines Menschen – verstehen, lernen wir doch allmählich, daß dabei viele vorhersehbare Faktoren mitspielen. Die Chemie scheint doch nicht der »Joker« einer Beziehung zu sein.

Achter Mythos

Die Kommunikationsfähigkeit verbessert sich, wenn man sich besser kennt.

Als Harry und Ellen sich näher kennenlernten, erzählte er ihr offen von seiner Vergangenheit, auch über einige seiner sexuellen Erlebnisse. Harrys Verlangen nach Sex war überaus groß, und deshalb war er schon in viele Situationen geraten, die interessanten Unterhaltungsstoff boten, besonders als er bemerkt hatte, daß Ellen ihn mit seinem Background akzeptierte.

Mit der Zeit gelang es Harry immer weniger, Ellen treu zu sein, und er begann, nebenher andere Frauen zu treffen. Ellen wollte Harry nicht mit anderen Frauen teilen, doch obwohl er sie nicht verlieren wollte, sehnte er sich nach den Abenteuern seiner Vergangenheit.

Harry konnte Ellen völlig offen von seinen früheren Beziehungen erzählen, doch er war wie stumm, wenn es um seine derzeitigen Abenteuer ging. Er befürchtete, Ellen zu verlieren, und so erschien ihm das Risiko zu groß, ihr alles zu erzählen. So verschwieg er immer mehr seine Gefühle und Aktivitäten. Als Ellen schließlich herausfand, daß er sich mit anderen Frauen traf, verließ sie ihn – nicht sosehr, weil er es getan hatte, sondern vielmehr, weil er sie belogen hatte.

In Beziehungen passiert es häufig, daß man, je näher man sich kennt, um so mehr glaubt, etwas zu verlieren, wenn man ehrlich miteinander redet. Zu Beginn der Beziehung behalten wir unsere tiefsten, dunkelsten Geheimnisse für uns. Wenn wir uns aber einem Menschen näher anvertrauen, erzählen wir ihm oder ihr bereitwilliger Dinge über uns, von denen wir niemals geglaubt hätten, sie offen aussprechen zu können.

Doch dann, mit der Zeit, neigen wir dazu, uns allmählich wieder zu verschließen, weil wir uns in der Beurteilung durch unseren geliebten Partner verwundbar fühlen. Wenn sich Kommunikation und Vertrauen in einer Beziehung nicht bald einstellen, können wir nicht darauf hoffen, daß sie sich später, wenn die »Einsätze höher« werden, noch entwickeln werden.

Viele sind insgeheim der Ansicht, daß sie an Anziehungskraft verlieren würden, wenn jemand erst ihr »wahres Ich« kennen würde. Bis zu einem gewissen Grad tragen wir alle Masken. Sie ermöglichen uns, unser Ich so darzustellen, wie wir uns akzeptabel finden. Wenn wir es wagen, uns jemandem ohne diese Masken zu stellen, so ist dies nicht einfach, denn wir riskieren immerhin die Möglichkeit, daß unser »wahres Ich« zurückgewiesen wird. Doch wenn wir die Maske nicht zu Beginn unserer Beziehung fallenlassen, können wir uns leicht in einem Netz von Trugbildern verheddern. Sogar kleinere Täuschungen werden bedeutungsvoll, wenn sie uns Türen zu unserer Kommunikationsfähigkeit verschließen.

Ich kenne einen Mann, der seiner Frau sagte: »Ich werde mit dir alles teilen, nur nicht meine Erlebnisse während des Krieges. Sie sind zu schrecklich, um darüber zu reden.« Er erkannte nicht, daß er echte Kommunikation unmöglich machte, indem er diese Tür verschloß. Seine Frau hatte niemals das Gefühl, ihn wirklich zu kennen.

Ich kenne einen anderen Mann, der zwar nur eine relativ kleine Täuschung vornahm, die jedoch für sein Leben zu einer großen Belastung wurde. Als er die Frau, die er heiraten wollte, zum erstenmal traf, gab er nicht sein wahres Alter an; er unterschlug acht Jahre.

Während der dreißig Jahre, die sie miteinander verheiratet waren, verschwieg er die Wahrheit, und er setzte alles daran, daß seine Frau niemals sein wirkliches Alter herausfand. Er nahm sein Geheimnis mit ins Grab, und erst auf seinem Totenschein erfuhr sie die Wahrheit. Sie sagte mir traurig: »Ich verstehe, daß er es mir zu Anfang verschwiegen hat. Ich hätte vielleicht geglaubt, daß er zu alt für mich sei. Aber später, als wir glücklich verheiratet und einander sehr nahe waren, hätte er mir doch vertrauen und die Wahrheit sagen müssen. Hat er tatsächlich geglaubt, daß mir das etwas ausmachen würde?«

Neunter Mythos

Eheleute sollten einander mehr lieben und mögen als irgendeine andere Person.

In Yale führten Susan Grajek, eine frühere Studentin, und ich eine Untersuchung durch, in der wir die Formen der Liebe und Zuneigung unter Männern und Frauen zu den verschiedensten Menschen, einschließlich Eltern, Liebhabern, Geschwistern im nächstliegenden Alter und besten Freunden gleichen Geschlechts, untersuchten. Wir entdeckten bei Männern und Frauen unterschiedliche Verhaltensmuster.

Das Verhalten der Männer war am ehesten vorhersehbar. Sie mochten oder liebten ihren Partner am meisten. Danach kamen die besten Freunde des gleichen Geschlechts, gefolgt vom Vater, dann der Mutter. Am wenigsten mochten sie Geschwister im nächstliegenden Alter.

Frauen mochten oder liebten ebensowenig ihre Geschwister im nächstliegenden Alter, und was die Eltern betrifft, so zogen sie die Mutter etwas vor. Das überraschendste Ergebnis war, daß Frauen ihre beste Freundin ebensogern mochten oder liebten wie den Partner. Tatsächlich mochten sie ihre beste Freundin mehr als ihren Partner. Wie konnte das möglich sein?

Es ist wohlbekannt, daß sich Frauen mehr nach Vertrautheit sehnen und sie auch erlangen als Männer. Diese Vertrautheit ist für Frauen wichtig, nicht nur in Liebesbeziehungen, sondern ebenso in Freundschaften. Männer sehnen sich eher nach Vertrautheit in romantischen Beziehungen und sind zufrieden, ihren besten Freund in ihrem Partner zu finden.

Warum mögen einige Frauen ihre beste Freundin mehr als ihren Partner? Wenn die Kommunikation zwischen einer Frau und ihrem Partner nicht auf der Ebene der Vertrautheit stattfindet, die sie sich wünscht, wird sie sich in bestimmten Bereichen ihrer Freundin näher fühlen.

Für Nan und Adam ist offene Kommunikation in ihrer Beziehung sehr wichtig, doch sie haben verschiedene Vorstellungen davon, was gute Kommunikation bedeutet. Nan möchte ihre Gefühle zum Ausdruck bringen und deutlich sagen, was sie für die verschiedensten Menschen in ihrem Leben, einschließlich Adam, empfindet. Was sie sagt, ist nicht immer positiv, aber sie glaubt, daß man in einer guten Beziehung seine Gefühle füreinander, sowohl gute als auch schlechte, ausdrücken muß. Adam fühlt sich bedroht, wenn Nan ihrer Unzufriedenheit in der gemeinsamen Beziehung Ausdruck verleiht. Er glaubt, daß man durch das Äußern von negativen Gefühlen eine gute Beziehung allmählich zerstört. Für ihn bedeutet gute

Kommunikation die Anteilnahme an den Ereignissen des Alltags.

Sowohl Nan als auch Adam schätzen eine offene Kommunikation, doch hat sie für jeden von ihnen eine unterschiedliche Bedeutung. Dies führt zu einem Konflikt, in dem Nan Adam beschuldigt, nur an den oberflächlichen Aspekten ihres Lebens interessiert zu sein. Adam seinerseits glaubt, daß Nan ihre Beziehung zerstört, indem sie sie dauernd angreift. Nan ist unzufrieden mit Adams Vorstellung von Vertrautheit, und Adam wiederum ist unzufrieden mit ihrer Unzufriedenheit mit ihm.

Nan sucht die Vertrautheit, die sie in ihrer Ehe nicht findet, bei ihren engsten Freunden. Sie ist darauf angewiesen, dort das Feedback zu bekommen, das sie von Adam nicht bekommt. Dieses Verhalten ist alltäglich in Beziehungen, und manchmal ist es sogar ganz gesund. Doch wenn die Freunde zum Ersatz für die Vertrautheit werden, die eigentlich zwischen den Ehepartnern bestehen sollte, sollte das Paar nach den Gründen suchen. Wenn Nan sich rechtfertigt, daß sie auf die Vertrautheit mit ihren Freunden angewiesen ist, läßt sich dies mit der Rechtfertigung eines Mannes vergleichen, der sagt: »Ich liebe meine Frau, doch kann sie meine sexuellen Bedürfnisse, die größer sind als ihre, nicht befriedigen.«

Andererseits wird ein »gesundes« Paar auch die Gemeinschaft von Freunden, Familie, Mitarbeitern annehmen und erkennen, daß niemals eine einzige Person alle Bedürfnisse befriedigen kann. Wir wählen verschiedene Freunde aus verschiedenen Gründen, und manchmal kann die Anwesenheit eines guten Freundes wertvoller Ausgleich für eine momentan angespannte

Beziehung sein. Wenn wir glauben, daß unser Liebespartner immer auch derjenige sein sollte, den wir am meisten lieben und mögen und der uns fortwährend am meisten liebt und mag, so bringt dies den Aspekt des Besitzes mit sich, das heißt, daß unser Partner uns emotional gehört. Dies wiederum führt zu einer Zerstörung der Beziehung, weil sie mehr und mehr von Eifersucht und Furcht geprägt wird.

Zehnter Mythos

Der beste Weg herauszufinden, wie Ihr Partner für Sie empfindet, ist, sein oder ihr Verhalten zu beobachten.

Larry wollte für Julia einen Verlobungsring kaufen. Er sah sich eine Reihe von Diamantringen an, doch er fand sie uninteressant. Er konnte nicht verstehen, daß ein Stein, der nur wie ein hübsches Stückchen Glas aussah, so teuer sein konnte. Er stellte sich einen Stein vor, der ausdrücken sollte, was er empfand, der einzigartig und besonders war. Eines Tages fand er einen antiken Türkisring, ein standesgemäßes Stück, etwa 200 Jahre alt. Es war eine wundervolle Handarbeit, und sein aufwendiges Design zeigte einen hohen Grad an Sorgfalt, den man nach seiner Einschätzung an modernen Ringen nicht finden konnte. Zufrieden kaufte er den Ring und nahm sich vor, Julia mit diesem originellen Stück zu überraschen.

Auf den ersten Blick war es ein Erfolg. Julia war tatsächlich überrascht. Doch ihre Reaktion war anders, als er erwartet hatte. Sie sah wohl Larrys gute Absicht, doch sie konnte ihre große Enttäuschung nicht verbergen. Sie konnte den symbolischen Wert in Larrys Geste nicht erkennen. Zu ihrer Verlobung hatte sie sich einen Diamanten gewünscht – *das* war ein wichtiges Symbol für sie. Trotz dieser Enttäuschung nahm Julia den Ring an, und sie heirateten.

Drei Jahre später schenkte Larry Julia einen Eternity-Ring, den sie als Ehering trug. Larry und Julia sind immer noch glücklich verheiratet. Sie glauben, daß sie vieles miteinander teilen, obwohl die Vorliebe für Schmuck sicher nicht dazu gehört.

Diese Geschichte soll deutlich machen, daß ein und dieselbe Sache für verschiedene Menschen verschiedene Bedeutung haben kann. Zum Beispiel kann Händchenhalten in der Öffentlichkeit für den einen Partner ein Zeichen von Zuneigung, für den anderen jedoch ein auffälliges und unangemessenes Sich-zur-Schau-Stellen sein. Ein Partner kann tägliches Lieben als Zeichen tiefer Liebe, der andere als lästige Routine ansehen. Oftmals hat in einer Beziehung eine Sache für jeden Partner eine unterschiedliche Bedeutung. Daher ist auch der Satz: »Taten sagen mehr als Worte« nicht unbedingt zutreffend. Die Gefühle eines Menschen lassen sich nicht immer an seiner Verhaltensweise erkennen.

Die Fähigkeit, eine erfüllte Beziehung herzustellen, wird oft von unserer Einstellung zu diesen falschen Mythen beeinflußt.

- Wenn wir glauben, die Gefühle in unseren Beziehungen seien ausreichend, übersehen wir deutliche Zeichen unserer tatsächlichen Erwartungen und Bedürfnisse.
- Auch wenn wir annehmen, daß uns ein Zusammenleben vor der Ehe eine harmonische Beziehung

sichern wird, versäumen wir doch manchmal, unsere Verantwortung füreinander zu verinnerlichen.

- Wenn wir unseren Partner zwingen wollen, sich zu ändern, haben wir nicht erkannt, daß Veränderung von innen kommen muß.
- Wenn wir glauben, unsere Liebe unabhängig von unseren Glaubens- und Wertvorstellungen leben zu können, so werden wir doch später in der Beziehung mit unserer Vergangenheit konfrontiert.
- Wenn wir Vermutungen über die Eignung unseres Partners anstellen, die auf der Beobachtung seines oder ihres Familienhintergrundes basieren, so bedienen wir uns nur begrenzter und unzuverlässiger Kriterien.
- Wenn wir annehmen, daß Leidenschaft und Sexualität zu Beginn einer Beziehung am wichtigsten sind, so nehmen wir in Kauf, daß sie im Laufe der Zeit verblaßt.
- Wenn wir zulassen, daß wir hilflos vom Strom der »Chemie« ergriffen werden, so erkennen wir die negativen Auslöser nicht, die wir beherrschen könnten.
- Wenn wir davon ausgehen, daß sich gute Kommunikation und Vertrauen mit der Zeit entwickelt, so mißachten wir die Warnsignale, die schon in der frühen Beziehung erkennbar sein können.
- Wenn wir uns zur Befriedigung all unserer Bedürfnisse von unserem Partner abhängig machen, so schließen wir andere für unser Leben bedeutsame Menschen aus.
- Wenn wir Gefühle allein an Taten messen, so können wir aus dem Verhalten unserer Mitmenschen leicht falsche Schlüsse ziehen.

Diese Übung zur Zerstörung von Mythen soll uns vor Augen führen, was passiert, wenn wir keine Beziehungssintelligenz besitzen. Wir werden von den üblichen Mythen mitgerissen, von der Volksmeinung verschaukelt. Es wird für uns immer schwieriger zu erkennen, was in der Liebe wirklich zählt.

Denken Sie einen Moment darüber nach, ob auch in Ihrem Liebesleben diese falschen Mythen Ihre Beziehungen beherrschen:

Quiz

Sind Sie ein Opfer von Mythen der Liebe?

Denken Sie über die folgenden Situationen nach, und kreuzen Sie die Buchstaben der Antworten an, die Ihnen am meisten zusagen.

1. Wahre Liebe ist, wenn
   (a) Sie jede freie Minute mit Ihrem oder Ihrer Geliebten verbringen möchten.
   (b) Sie ein inniges Gefühl verbindet, daß sich im Laufe einer langen Zeit entwickelt hat.
   (c) Sie »Ich liebe dich« sagen und es auch so meinen.
   (d) Sie und Ihr Geliebter/Ihre Geliebte eine beinahe elektrische Anziehungskraft verbindet.

2. Der beste Weg, den Bestand Ihrer Beziehung zu prüfen ist,
   (a) andere Aktivitäten aufzugeben, um noch mehr Zeit miteinander verbringen zu können.
   (b) die Bereitschaft aufzubringen, Kompromisse zugunsten des Partners zu machen.

(c) zusammenzuleben und herauszufinden, wie gut man im Alltag miteinander auskommt.
(d) Ihrem Partner Ihre intimsten Geheimnisse anzuvertrauen.

3. Ihrem Partner wurde soeben gekündigt, und sein Selbstbewußtsein ist zerstört. Sie
(a) versuchen, ihm oder ihr Auftrieb zu geben, indem Sie seinen oder ihren Arbeitgeber beschuldigen.
(b) schlagen vor, er oder sie solle sich eine weniger schwierige Arbeit suchen.
(c) bieten Ihre Hilfe an, erkennen aber, daß Ihr Partner selbst damit fertig werden muß.
(d) rufen verschiedene Arbeitskollegen an und erklären ihnen, daß Ihr Partner einen Job sucht.

4. Gleiche Vorstellungen von Werten und Religion sind
(a) sehr wichtig für eine Beziehung.
(b) ziemlich wichtig für eine Beziehung.
(c) nicht so wichtig für eine Beziehung.
(d) überhaupt nicht wichtig für eine Beziehung.

5. Ihr Partner wuchs in einer warmen, liebvollen Familie auf. Dies sagt Ihnen:
(a) daß er oder sie wahrscheinlich ein guter Partner sein wird.
(b) noch nichts über seine oder ihre Fähigkeit als Partner.
(c) daß er oder sie wahrscheinlich die besseren Voraussetzungen für eine Partnerschaft mit-

bringt als jemand, der in einer labilen Familie aufgewachsen ist.
(d) daß er oder sie eine warmherzige, liebevolle Person ist.

6. In einer langfristigen Beziehung ist sexuelle Leidenschaft
   (a) zu Beginn wichtig, nimmt aber erwartungsgemäß mit der Zeit ab.
   (b) von Anfang an sehr wichtig und sollte es auch während der ganzen Beziehung bleiben.
   (c) zu Beginn sehr wichtig oder gar nicht.
   (d) am Anfang nicht so wichtig wie in der späteren Beziehung.

7. Ihre Wirkung auf andere Menschen
   (a) ist teilweise das Ergebnis vorhersehbarer Muster in Ihrem Verhalten und in Ihren Vorlieben.
   (b) ist ein mysteriöser Vorgang, den man nicht erklären kann.
   (c) ist das Ergebnis physikalischer und emotionaler »Chemie«.
   (d) kann man niemals vorhersagen.

8. Offene, ehrliche Kommunikation
   (a) ist am einfachsten, wenn man sich lange kennt.
   (b) ist zu Beginn einer Beziehung ein großes Risiko.
   (c) gehört dazu, wenn man beginnt, sich in einer Beziehung wohl zu fühlen.
   (d) ist unmöglich, bevor man sich in einer Beziehung absolut sicher fühlt.

9. Ihr Partner sollte
   (a) der wichtigste Freund für Sie sein.
   (b) ein Mensch sein, der gern die gleichen Dinge tut wie Sie.
   (c) auf der gleichen Wellenlänge sein wie Sie.
   (d) ein Mensch sein, für den Sie in bestimmter Weise anders als für andere, empfinden.

10. Das Verhalten Ihres Partners
   (a) zeigt am deutlichsten seine oder ihre Liebe.
   (b) ist kein so verläßlicher Indikator wie seine oder ihre Absichten.
   (c) ist das Fenster zu seinen oder ihren wahren Gefühlen.
   (d) zeigt mehr als Worte.

Wertung:

Berechnen Sie für jede der folgenden Aussagen, die Sie angekreuzt haben, einen Punkt.

1. b	5. b	8. c
2. b	6. d	9. d
3. c	7. a	10. b
4. a		

Wenn Ihre Punktzahl zwischen 8 und 10 liegt, so sind Sie wahrscheinlich nicht so empfänglich für die allgemeinen Mythen der Liebe. Wenn Sie auf eine Punktzahl zwischen 4 und 7 gekommen sind, so sind sie ziemlich empfänglich für diese Mythen. Positiv ist, daß Sie, wenn es um Liebe geht, oft nicht wissen, was

Sie glauben sollen. Wenn Sie weniger als 4 Punkte erreicht haben, so sind Sie doch sehr mythengläubig.

Auch wenn Ihre Punktzahl nur gering ist, sollten Sie sich nicht unfähig fühlen, Beziehungsintelligenz zu erlangen. Es ist nicht verwunderlich, daß Menschen so bereitwillig an die Mythen der Liebe glauben. In unserer Erziehung fehlt der Bereich der zwischenmenschlichen Beziehungen völlig.

Kapitel 2

Herz und Verstand

Die Intelligenz, die man in keiner Schule fördert

Jims Frau möchte sich scheiden lassen. Er hat es soeben erfahren und tobt vor Wut. Außerdem ist er deprimiert und vor allem völlig überrascht. Wie konnte das geschehen? Aus seiner Sicht ist ihre Ehe völlig in Ordnung. Maureen und er haben zwei wunderbare Kinder, zwei gute Einkommen, ein schönes Haus, genug Zeit zum Entspannen, um das Leben zu genießen. Sie sind in ihrer Umgebung geachtet und haben viele Freunde. Dennoch erklärt Maureen Jim, daß sie nicht glücklich sei und daß sie ihn verlassen will. Trotz einiger langer und schwieriger Diskussionen bis weit in die Nacht hinein kann Jim Maureens Unzufriedenheit nicht verstehen. Sie sagt, daß er, wenn er nicht sehe, was falsch läuft, total blöd sein müsse.

Ist Jim blöd? Urteilt man nach allgemeinen Maßstäben, sicher nicht. Er bestand sein Examen mit Auszeichnung und arbeitet nun als Rechtsanwalt bei einer großen Firma. Er war *jemand* auf dem College, und er ist *jemand* in seinem Beruf. Die Bezeichnung »total blöd« paßt nun wirklich nicht zu ihm.

Aber betrachten wir die Dinge einmal aus Maureens Sicht. In den letzten fünf Jahren ihrer achtjährigen Ehe hat Maureen ihre Unzufriedenheit deutlich gemacht. Sie hat Jim beispielsweise wiederholt erklärt, daß sie mit ihm mehr freie Zeit verbringen möchte; egal, ob zu Hause oder im Urlaub. Aber wenn sie Urlaub hatten, hing Jim dauernd am Telefon, machte Geschäfte für seine Kunden oder für sich. Maureen hatte sich auch gewünscht, daß er mehr zur Erziehung der Kinder beitragen sollte, doch seine guten Vorsätze hielten nie länger als einige Tage. Maureen versuchte, mit Jim über ihre Bedürfnisse in ihrer Beziehung zu reden. Manchmal hörte Jim, was sie sagte, doch sie hatte nie das Gefühl, daß er wirklich zuhörte.

Maureen glaubt, eine Verständigung sei unmöglich geworden. Jim findet, daß sie sich ganz gut verstehen. Er meint, daß Maureen sich zuviel beklagt, doch er akzeptiert es als Teil ihrer Persönlichkeit. Unglücklicherweise spielt seine Billigung keine Rolle mehr, denn die Ehe ist so gut wie gescheitert. Aus Maureens Sicht endete sie schon vor fünf Jahren.

Jim ist beleidigt, wenn Maureen ihn für blöd hält. »Ich habe Jura studiert, Examen gemacht und meine Zulassung bekommen. Wie könnte ich blöd sein?« argumentiert er. Doch der fehlende Verstand, den Maureen an ihrem Mann feststellt, hat nichts mit der akademischen Intelligenz zu tun, die mit herkömmlichen Tests gemessen wird. Jim fehlt es an Beziehungsintelligenz.

Es ist kein Wunder, daß wir nicht wissen, wie man Intelligenz für die Liebe nutzt – wir haben es einfach nicht gelernt. Das Fach Liebe gibt es in der Schule nicht. Man geht davon aus, daß wir alles Nötige allein durch Beobachtung oder auch automatisch erlernen. Aber Beobachten ist nur ein geringer Teil des Lernens. Nirgendwo lernen wir, wie man Beobachtungen auswertet; so bleiben sie subjektiv, und oftmals verstärken sie noch unsere Vorstellungen, daß die Liebe nun mal so ist. Kurzum, in der Schule clever zu sein bedeutet noch nicht, in der Liebe clever zu sein.

Wir wollen uns nun den traditionellen Lehrmethoden zuwenden und sehen, warum sie nicht unbedingt auf die Liebe anwendbar sind.

Wir lernen nicht, Probleme zu erkennen

Der Lehrer stellt eine Aufgabe; der Schüler löst sie.

Das Lehrbuch stellt am Ende jedes Kapitels Fragen; der Schüler beantwortet sie.

Der Test besteht aus 100 Faktenfragen; der Schüler erinnert sich an die Fakten und beantwortet sie.

Im klassischen Unterricht wird vom Schüler niemals verlangt, eine Aufgabe wirklich einzuordnen und zu begreifen. Sie wird vielmehr vom Lehrer, im Test oder Lehrbuch präsentiert. Aufgabe des Schülers ist es, diese Aufgabe zu lösen, nachdem er sie verstanden hat.

Im Leben ist das anders. Wir müssen in der Lage sein, Aufgaben oder Probleme genau einzuordnen und zu begreifen. Denn wenn wir dies nicht können, geraten wir in Schwierigkeiten. In dem oben geschilderten Fall hatte Jim diese Schwierigkeiten. Maureen hatte ihm oft signalisiert, daß in ihrer Ehe etwas nicht stimmte, aber er erkannte einfach das Problem nicht.

Ein anderes Beispiel. Vor drei Jahren trennte sich Alex von Leona, da er sich in eine andere Frau verliebt hatte. Er bat Leona um die Scheidung, um seine Geliebte heiraten zu können. Doch diese Beziehung endete, als er und Leona gerade geschieden waren. Dann behandelte Alex seine Frau plötzlich sehr liebevoll und aufmerksam, und sie hoffte auf baldige Wiederversöhnung. Drei Jahre vergingen, und nichts geschah. Leona hoffte noch immer. Alex verhielt sich auch weiterhin in einer Weise, daß mit einer Versöhnung zu rechnen war. Aber er ließ auch deutlich erkennen, daß er noch nicht bereit war, sich festzulegen.

Er traf sich weiterhin mit anderen Frauen. Währenddessen richtete Leona ihre gesamte Aufmerksamkeit auf eine Versöhnung und vernachlässigte ihr übriges Privatleben.

Leona meinte: »Ich habe keine Probleme mit Alex. Er selbst hat das Problem. Er liebte mich nicht mehr, während ich nie aufgehört habe, ihn zu lieben.« Leona war nicht in der Lage zu erkennen, daß sie tatsächlich ein Problem hatte. Sie hatte ihr eigenes Leben für eine Möglichkeit vernachlässigt, die wahrscheinlich niemals eintreten würde.

Je länger sie darauf bestand, daß das Problem nicht bei ihr lag, desto mehr setzte sich diese falsche Überzeugung bei ihr fest.

Probleme zu erkennen ist weitaus schwieriger, als es auf den ersten Blick erscheint. Vielleicht betrachten Sie eine Situation und sagen: »Es ist doch klar, daß da etwas nicht stimmt.« Doch es ist nicht immer so offensichtlich. Stellen Sie sich das Dilemma eines Menschen vor, dessen Partner Alkoholiker ist. Er weist immer wieder auf das Problem hin, bittet und bettelt, möglicherweise sagt er: »Siehst du nicht, daß du mit deinem Trinken unsere Ehe ruinierst?« Doch die Weisheit jener, die Alkoholiker betreuen, ist einfach: Der Alkoholiker muß zugeben, das bedeutet *erkennen*, daß er ein Problem hat, bevor es überhaupt eine Hoffnung auf Lösung gibt.

Wir lernen nicht, das Ausmaß unseres Problems zu erkennen

Wenn man erkannt hat, daß irgend etwas nicht stimmt, muß man das Ausmaß des Problems bestimmen. Das Problem zu erfassen bedeutet auch zu entscheiden, welche Aspekte des Problems besondere Aufmerksamkeit erfordern. Lehrbuchprobleme sind meist genau definiert; wir begreifen von Anfang an den Zusammenhang, in dem sie erscheinen. Tatsächlich erfassen wir unsere Probleme in einigen Lebensbereichen fast automatisch. Ein Beispiel: Wenn Sie ein bestimmtes Fernsehprogramm nicht empfangen können, so werden Sie (oder der Techniker, den Sie bestellen) das Problem ziemlich leicht erkennen. Entweder Sie benötigen eine neue Antenne oder Ihre alte muß neu gerichtet werden. Vielleicht muß Ihr Gerät ersetzt werden, oder Sie müssen sich einen Kabelanschluß zulegen.

Wie Sie ein Problem erfassen, hängt von den Informationen und Hilfsmitteln ab, die Ihnen zur Verfügung stehen, sowie von der Anzahl der Lösungsmöglichkeiten, die Sie bereit sind, in Betracht zu ziehen. Ihre Definition des Problems ist auf komplizierte Weise mit dem Lösungsablauf verbunden, den Sie festgelegt haben. Aus dem Grund ist es oft schwierig, den einmal eingeschlagenen Lösungsweg zu verlassen.

Während alltägliche Probleme mit gesundem Menschenverstand betrachtet und gelöst werden können, verhält es sich mit Beziehungsproblemen weitaus komplizierter. Nennen Sie z. B. irgend etwas, von dem Sie wissen, daß es bei Ihrem Partner Ärger oder Mißfallen auslöst. Wie definieren Sie dieses Problem? Man ist versucht, es als Notwendigkeit zu beschreiben, Ihr

Verhalten verbergen zu müssen, um so mögliche Reaktionen zu verhindern. Doch diese Erkenntnis wird unweigerlich zu neuen Problemen führen.

Lorraine befand sich in einer solchen Situation, als sie gerade eine kurze Affäre hinter sich hatte. Es war eine der üblichen Geschichten; sie war schnell beendet, da Lorraine an Treue glaubte und ihren Ehemann liebte. Das Problem lag darin, daß sie befürchtete, ihr Mann könnte von der Affäre erfahren, sich tief verletzt fühlen und sie vielleicht sogar verlassen. So entschied sie, ihm nichts davon zu erzählen und die Affäre einfach im Sande verlaufen zu lassen. Aber sie hatte nicht mit den starken Gefühlen ihres Geliebten gerechnet, der sie unbedingt zurückgewinnen wollte und daher begann, sie anzurufen; erst im Büro, dann auch zu Hause. Lorraines Mann war durch diese Anrufe und ihr nervöses Verhalten beunruhigt. Eines Tages, als Lorraine versehentlich eine Brosche trug, die ihr Geliebter ihr geschenkt hatte, wunderte sich ihr Mann darüber, da sie sich noch nie selber Schmuck gekauft hatte. Da brach sie in Tränen aus und erzählte ihm die Wahrheit. Genau wie sie erwartet hatte, fühlte er sich zutiefst verletzt. Doch es überraschte sie, daß er sich weniger von ihrer kurzen und bedeutungslosen Affäre getroffen zeigte als von ihrer Unehrlichkeit. »Wenn du es mir erzählt hättest, hätte ich versucht, dich zu verstehen«, sagte er. Da erkannte Lorraine, daß sie das Problem falsch eingeschätzt hatte, als sie ihre Affäre geheimhielt.

Wir lernen, unsere Probleme als wohlstrukturiert zu betrachten

Als Jugendlicher entdeckte ich in der Zeitung eine Anzeige, die mit einer Handschriftenanalyse für bloß $ 10.95 warb. Ich schickte eine Probe meiner Handschrift ein, und ein paar Wochen später erhielt ich die Analyse. Darin stand größtenteils nur, was ich oder jeder andere gerne über sich erfahren möchte. Sie fanden viele gute Eigenschaften heraus (die, wie sie schrieben, andere an mir noch gar nicht bemerkt hatten), zusammen mit einigen natürlich unwichtigen Schwächen.

Ich wunderte mich, wie man mit Schriftanalysen für $ 10.95 überhaupt Geld verdienen konnte, doch bald fand ich es heraus. In einer Beilage stand, daß ich viele positive Charakterzüge, aber eben auch einige schlechte hatte. Um diese loszuwerden, sollte ich lediglich meine Handschrift verändern.

Wenn ich mich zu einem Handschriftkurs bei dieser Gesellschaft entschließen würde, könnte meine Handschrift in Kürze eine wesentlich stärkere Persönlichkeit widerspiegeln, und ich würde auf diese Weise bald eine bessere Persönlichkeitsstruktur entwickeln.

Im nachhinein betrachtet ist dies eine amüsante Geschichte, doch ich erzähle sie, um zu verdeutlichen, wie oft wir im Leben versucht sind, »falsch strukturierte« Probleme in »richtig strukturierte« umzuwandeln. Die Vorstellung, daß wir die störenden Probleme unseres Lebens einfach dadurch lösen können, daß wir unsere Handschrift oder Haarfarbe verändern, oder auch durch irgendeine andere einfache Methode, gefällt uns natürlich sehr.

Es ist eine ununterbrochene Quelle für Frustration, wenn die Probleme unseres Alltags falsch strukturiert sind. Wir ärgern uns zunehmend darüber, daß sie nicht wie die Aufgaben aus unserer Schulzeit sind. In der Schule hatten wir mit gut strukturierten Aufgaben zu tun, die mit klar gegliederten Schritten garantiert zur Lösung führten. Doch im Leben gibt es keine eindeutig klaren Schritte zu einer Lösung. Oftmals ist nicht einmal klar, ob es überhaupt eine Lösung gibt.

Am meisten verdienen diejenigen, die uns einen klaren Schritt zur Lösung unserer Probleme präsentieren, indem sie uns ein fertiges Produkt oder Konzept verkaufen wollen. Sie bieten uns »Zehn einfache Schritte zur . . .« an oder verleiten uns, ein Produkt zu kaufen, mit dessen Hilfe wir abnehmen, aufhören zu rauchen oder irgend etwas anderes in unserem Leben verändern können. Wir kaufen diese Produkte und lesen diese Bücher, weil wir so sehr glauben wollen, daß es *die* Lösung gibt. Aber diese Patentrezepte führen niemals zu dauerhafter Befriedigung. Nehmen wir ein weitverbreitetes, falsch eingeschätztes Problem: Wie kann ich die Langeweile in meinem Liebesleben bekämpfen? Nachdem Sie oft mit Ihrem Partner geschlafen haben, ist das erste Hochgefühl vorüber. Das 100. Mal ist natürlich längst nicht mehr so aufregend, wie es das erste war. Dieses Problem gehört nicht zu den leicht einzuschätzenden, denn es gibt hier keine »10 einfachen Schritte zu . . .«, keine für jedermann garantierte Lösung. Sicherlich gibt es Möglichkeiten, wieder neue Anregung in Ihr Liebesleben zu bringen. Aber was bei Ihnen Wunder wirkt, muß für jemand anderen nicht unbedingt gut sein – vielleicht wirkt es schon beim nächsten Mal nicht einmal mehr bei Ihnen.

Susan wußte, daß Ben sich mit ihr im Bett langweilte. Sie glaubte, daß das Übergewicht daran schuld sei, das Sie seit der Geburt ihrer Kinder hatte. Sie fühlte sich dick und unattraktiv, und sie nahm an, daß er sie ebenso beurteilte. Entschlossen, ihr Liebesleben zu verändern, unterzog sie sich einem strengen Diät- und Übungsprogramm. Nach einigen Monaten hatte sie abgenommen; sie fühlte sich besser und sah sehr gut aus. Ben schmeichelte ihr deswegen, doch zu Susans großer Enttäuschung konnte ihr gutes Aussehen Bens Leidenschaft im Bett nicht beleben. Sie hatte sich so sehr bemüht, ihren Körper zu verschönern, einen neuen Funken Leidenschaft in ihre Ehe zu bringen, doch all ihre Mühe war umsonst gewesen.

Susan war der Vorstellung erlegen, daß ein schöner Körper automatisch auch ein leidenschaftliches Liebesleben mit sich bringt – eine Vorstellung, die täglich durch die Medien verstärkt wird. Aber Ben und Susans Problem im Bett waren komplexer. Sie konnten nicht durch eine oberflächliche Veränderung gelöst werden.

Wir lernen nicht, unser Problem im größeren Zusammenhang zu untersuchen

Herkömmliche Intelligenztests enthalten manchmal auch »transitive Schlußfolgerungsprobleme«. Ein Beispiel: Wenn man Ihnen sagt, daß Crispy Flakes besser sind als Crunchy Flakes, aber Soggy Flakes nicht so gut wie Crunchy Flakes sind – so fragen Sie sich, welches nun die besten und welche die schlechtesten sind. Um dieses Problem lösen zu können, muß man aus den genannten Daten Schlüsse ziehen und davon ausgehen, daß keine anderen Daten nötig sind, um zu einem eindeutigen Ergebnis zu gelangen. Dies sind rein logische Probleme, die keine mildernden Umstände oder Werturteile zulassen.

Die wirklichen Probleme des Lebens sind anders. Sie sind in einem komplexen Netz von Umständen verflochten. Wenn Sie beispielsweise gerade dabei sind, ein Haus zu kaufen, können Sie nicht alle Informationen, die Sie benötigen, in ein paar Sätzen ausdrücken. Sie müssen viele verschiedene Dinge erwägen: Hauspreise, Zinssätze, Vermögenswerte, Schulden, Nähe zu Geschäften, bevorzugter Wohnstil und so weiter. Alltagsprobleme unterscheiden sich von Lehrbuchproblemen im Ausmaß des Kontextes, der nötig ist, um sie zu lösen. Wenn Sie das ignorieren und glauben, es gebe ein Ideal unabhängig vom jeweiligen Sachverhalt, geraten Sie unweigerlich in Schwierigkeiten. Dies geschieht immer wieder, wenn man versucht, Probleme mit Logik zu vereinfachen, die auf falschen Voraussetzungen basiert. Oftmals verrennen sich Menschen, die einen Lebensgefährten suchen, in die Vorstellung von einem bestimmten Typ, der ein besonders guter Liebhaber oder Partner sein soll. Wir alle kennen Menschen, die sagen: »Ich gehe nur mit großen Männern aus«, oder »Ich suche eine schlanke Blondine«. Die Bekanntschaftsanzeigen in der Zeitung sind voll von solchen Aussagen. Doch wenn man mit falschen Voraussetzungen beginnt, so ist man leicht enttäuscht, wenn die Erwartungen nicht erfüllt werden. Darüber hinaus schließt man automatisch andere wertvolle Möglichkeiten für sich aus.

Die Umstände, die in einer Beziehung mitspielen,

beeinflussen diese. Wenn sie also günstig sind, nützen sie der Beziehung, sind sie ungünstig, so können sie ihr schaden.

Ein Vorfall, der sich in meinem Leben ereignete, hat mir gerade vor kurzem verdeutlicht, inwieweit der Situationskontext die Gefühle eines Menschen in einer Beziehung beeinflussen kann. Ich fuhr geschäftlich in eine andere Stadt und sollte am Flughafen eine Dame treffen, die in den folgenden Tagen meine Hosteß sein würde. Wegen eines Mißverständnisses wartete ich über eine Stunde am Flughafen. Nachdem wir uns schließlich doch noch getroffen hatten, fuhr sie mich ins Hotel, das mir nicht besonders zusagte. Es war aber noch besser als der Anblick der Leute, die in der Hotelhalle saßen. Vorsichtig ausgedrückt: ihr primäres Anliegen war es nicht, eine Nacht lang in diesem Hotel zu schlafen – es war überhaupt fraglich, ob sie vorhatten, die ganze Nacht dort zu verbringen. Dann ging ich mit meiner Hosteß essen. Nachdem einige Restaurants geschlossen, andere überfüllt waren, fanden wir endlich eins, in dem das Essen allerdings miserabel war. Als ich dann die Stadt verließ, empfand ich keine besondere Zuneigung für meine Hosteß. Eigentlich hatte sie nichts verkehrt gemacht. Doch die Umstände hatten die Beziehung zwischen ihr und mir gestört. Sosehr sie sich auch um eine gute Beziehung bemüht hatte, die Umgebung hatte sich auf unsere Beziehung übertragen.

Wir lernen, von »richtigen« und »falschen« Antworten abhängig zu sein

Akademische Aufgaben beinhalten oft richtige und falsche Antworten. In Standardtests wäre es in der Tat unangebracht, nicht eine einzige richtige Antwort zu geben. Wenn man aber in einem solchen Test viele oder alle Antworten richtig hat, wird man belohnt. Diese Konditionierung führt bei vielen Menschen dazu, daß sie es als besonders wertvoll erachten, richtige Antworten auf ihre Probleme zu finden. Doch im Alltag haben Probleme selten *eine* richtige Lösung. Meist gibt es eine Reihe von Möglichkeiten, ein Problem anzugehen, und es ist schwierig – außer im nachhinein – zu wissen, welche die richtige ist. In Testsituationen entscheidet oft die gewählte Antwort über das Ergebnis. Doch in der Realität des Alltags ist der Lösungsablauf das wichtigste. Selbst Entscheidungen, die sich in späterer Einsicht als weniger vorhersehbar zeigen, könnten effektiver sein, wenn man die zur Verfügung stehenden Mittel anders oder kreativer einsetzen würde. Umgekehrt können Entscheidungen, die uns sinnvoll erscheinen, durch unüberlegten Umgang mit den Mitteln untergraben werden.

Frank und Joanne haben in ihrer Diskussion über ihren zukünftigen Wohnort einen toten Punkt erreicht. Joanne erwartet ihr erstes Kind, und sie möchte aus ihrer Stadtwohnung in ein Haus in einer kleineren Gemeinde ziehen. »In der Stadt sollte man keine Kinder aufwachsen lassen«, meint sie voller Überzeugung. Frank kann ihr nicht zustimmen. Er ist in der Stadt aufgewachsen und erklärt Joanne: »Die Stadt ist der beste Ort, Kinder großzuziehen.«

Frank und Joanne fühlen sich beide im Recht, doch auf diese Streitfrage gibt es keine richtige oder falsche Antwort. Selbst wenn einer von ihnen argumentierte, daß, statistisch gesehen, der eine oder andere Ort unter bestimmten Aspekten besser für Kinder geeignet wäre, so wird es doch niemals einen wirklichen Beweis dafür geben. Letztlich werden viele verschiedene Faktoren für Frank und Joanne als »gute« Eltern wichtig sein.

In ganz persönlichen Entscheidungen, beispielsweise, ob man Kinder haben möchte oder nicht, wo man leben sollte, welchen Beruf man ergreifen könnte, gibt es keine richtige Antwort. Wichtig ist nur der Weg, den man zu dieser Entscheidung wählt, nicht die Entscheidung selbst. Viele Menschen, die eine feste Verantwortung für einen Partner ablehnen, weil sie nicht hundertprozentig sicher sind, daß es funktioniert, warten vielleicht ein Leben lang auf eine solche Garantie.

Wir erwarten, daß uns jederzeit jede Information zur Verfügung steht

In der Schule, besonders in Tests, erwartet man von Ihnen, daß Sie die Informationen kennen, die Sie zur Lösung einer Aufgabe benötigen, oder diese Information zumindest verfügbar ist. Doch im Alltag ist es nicht immer klar, wo man bestimmte Daten findet, die man gerade braucht. Wenn Sie beispielsweise einen Arzt brauchen, wie kommen Sie dann an Informationen, die Ihnen sagen, ob ein bestimmter Mensch auch ein guter Arzt ist? Sie könnten versuchen herauszufinden, wo der Arzt sein Examen gemacht hat. Aber ein Examen, selbst das einer besonders guten Universität, würde noch nicht garantieren, daß der Arzt für Sie der richtige ist.

Ebenso ist es in zwischenmenschlichen Beziehungen. Woher wollen Sie wissen, ob jemand ein guter Partner ist? Sie können sich seine oder ihre früheren Beziehungen ansehen, aber das würde Ihnen nicht unbedingt die gewünschte Information geben, denn was für den einen Menschen richtig ist, muß für den anderen nicht gleichermaßen richtig sein. Und was heute für Sie richtig ist, kann zu einem späteren Zeitpunkt auch für Sie falsch sein. Welche Kriterien haben Sie gewählt? Da oft nicht klar ist, wie man die Informationen erhält, um eine Beziehung zu beurteilen, neigt man dazu, sich fest auf seinen »guten« Instinkt oder seine Gefühle zu verlassen.

Zu Beginn einer Beziehung, wenn man sich frisch verliebt fühlt, begrenzt man seine Vorstellungen von dem, was wichtig erscheint, und beurteilt sie nur oberflächlich. So ging es auch Lisa und Phil, die sich sehr liebten. Ihre gemeinsame Zeit war sehr romantisch, sie glaubten, alle wirklich wichtigen Informationen zu besitzen. Das überglückliche Paar glaubte, später herauszufinden, was sie noch nicht voneinander wußten. Als sie dann verheiratet waren, fanden sie tatsächlich eine Menge über sich heraus. Die Information war jederzeit verfügbar gewesen, aber sie hatten sie nicht genutzt. Sie erfuhren jetzt, daß sie nur wenig Gemeinsamkeiten und ganz verschiedene Vorstellungen zur Rolle von Mann und Frau hatten. Je mehr sie voneinander erfuhren, desto unglücklicher wurden sie. Im grellen Licht des Alltags erkannten Lisa und Phil, daß sie nicht gut zueinander paßten.

Aber welche Information kann uns Aufschluß darüber geben, ob ein Mensch auch ein guter Partner sein wird? Da wir nicht wissen, wo wir es erfahren können, sind wir oft abhängig von spontanen und oberflächlichen Anhaltspunkten, oder wir bedienen uns Kriterien, die nicht wirklich alle wichtigen Bereiche des Lebens abdecken. Im Gegensatz zur akademischen Welt, in der Kriterien objektiv sind, ist unser persönliches Leben mit subjektiven Kriterien besetzt, die nur schwer in diese Realität passen.

Wir sind es nicht gewöhnt, andere um Hilfe zu bitten

In der Schule erwartet man von uns, daß wir unsere Aufgaben selbst lösen. Tatsächlich wird jeder andere Weg als Täuschungsversuch gewertet. Mindestens eine Agentur für Standardtests hat uniformierte Sicherheitswachen, die Leuten nachstellt, die in Tests mit anderen zusammengearbeitet haben. Auf diese Weise lernen wir, in Tests gute »Einzelkämpfer« zu sein, aber wir sind nicht unbedingt imstande, Probleme in Zusammenarbeit mit anderen zu lösen.

Fast alle lebensnahen Probleme erfordern zur Lösung mehr als eine Person, und doch, als natürliche Folge aus unserer Schulzeit glauben viele von uns, daß man seine Probleme besser allein zu lösen versucht.

In den Richtlinien der Universität, an der ich arbeite, gibt es einen Bonus für denjenigen, der imstande ist, Probleme ganz selbständig zu lösen. In Einstellungstests werden Menschen bevorzugt, die gezeigt haben, daß sie gut allein zurechtkommen. Doch diesen Menschen fehlt oft die Fähigkeit zur Teamarbeit. Wenn ein Mitglied der Fakultät wissenschaftlich zu eng mit anderen zusammenarbeitet, kann dies seine oder ihre Beförderung gefährden. Man fragt sich dann: »Welche Ideen stammen von dieser Person, welche von den anderen?« Das Konzept des »Eigentums« einer Idee steht im Gegensatz zur Methode der Zusammenarbeit. Auf diese Weise schadet dieses System der Entwicklung auf dem Gebiet der Problemlösung in Beziehungen.

In einer Untersuchung, die Wendy Williams und ich zum Thema »Gruppenintelligenz« durchgeführt haben, fanden wir heraus, daß Gruppen oft kreativere Lösungen zu einem Problem finden als Einzelpersonen. Wir fanden außerdem heraus, daß wenn ein Gruppenmitglied ein Streber ist – das heißt, ein dominanter Teilnehmer, der die anderen streng kontrolliert –, die Gruppe weniger effektiv arbeitet, als wenn alle Mitglieder gleichberechtigt mitwirken. Aus unserer Arbeit geht hervor, daß zur Lösung von zwischenmenschlichen Problemen ein selbständiger, kontrollierender Denker nicht unbedingt hilfreich sein muß.

Paul ist Psychotherapeut, und er glaubt, daß das besonders nützlich sei, um die Probleme zu lösen, die in seiner Ehe mit Liz aufgetreten sind. Wenn sie sich streiten, weist er oft auf sein Fachwissen hin. Er ist davon überzeugt zu wissen, wie sie ihr Problem angehen müssen, und er versucht jeden einzelnen Schritt zur Lösung zu überwachen. Paul kann anderen Menschen bei der Lösung ihrer Probleme helfen, doch er hat nie gelernt, im Prozeß der Problemlösung selber eine kooperative Rolle einzunehmen. Wenn also Paul die Diskussion führt, ist Liz ärgerlich. Sie möchte, daß er ihr nicht als Fachmann, sondern als Ehemann zuhört.

Wir lernen, verbale Kommunikation wichtiger zu nehmen als nonverbale

Schulen legen große Wert auf die Bedeutung von verbaler Kommunikation in der Entwicklung kognitiver Bereiche. Besitzen Schüler ein schlecht entwickeltes verbales Ausdrucksvermögen, werden sie meist als weniger intelligent eingestuft. Natürlich sind verbale Fähigkeiten wichtig im Leben, doch gleichzeitig unterschätzen wir die Bedeutung nonverbaler Fähigkeiten. Nonverbale Verständigung macht den größten Teil jeder Beziehung aus. Stellen sie sich vor, was geschieht, wenn es Unstimmigkeiten in einer Beziehung gibt. Fast immer sind die ersten Anzeichen nonverbaler Art. Einer der Partner fühlt schon etwas, das er oder sie noch nicht einordnen oder verbal zum Ausdruck bringen kann. Doch die unbewußte Wahrnehmung, daß irgend etwas nicht stimmt, macht sich meist nonverbal bemerkbar. Solche Zeichen zu deuten, kann Erfolg oder Mißerfolg einer Beziehung ausmachen.

Alice fiel es schwer, Penn zu erklären, wie sehr sie seine launische Art und sein Jähzorn frustrierte. Nie fand sie die richtigen Worte, um ihm ihren Standpunkt zu verdeutlichen, ohne daß er in Wut geriet. Penn war zufrieden, daß Alice nun »endlich aufgehört hatte, sich zu beklagen«. Doch wenn er sensibler für nonverbale Kommunikation gewesen wäre, hätte er dennoch an ihrem Verhalten und an ihrem Gesichtsausdruck erkannt, daß etwas nicht stimmt. Weit entfernt von einer

Lösung ihrer Probleme, zeigte Alices Unvermögen, sich verbal auszudrücken, daß ein viel tieferes Problem zwischen ihnen lag.

Wir erlernen formelles Wissen unter Ausschluß von nichtformellem Wissen

In der Schule erlernt man haupsächlich formelles Wissen – und dies wird ausdrücklich im Unterricht, in Lehrbüchern und mit Hilfe von verschiedenen Lehrmethoden vermittelt. Leistungstests messen fast ausschließlich im Unterricht erworbenes Faktenwissen. Umso ironischer scheint es, daß dieses Standardwissen aus der Schulzeit uns im Alltag so wenig nützt. Viele Menschen werden mir zustimmen, daß die nichtformellen Kenntnisse, die man im Laufe des Lebens sammelt, weit mehr zählen.

Zwischenmenschliche Beziehungen leben in der Hauptsache von solch informellem Wissen. Wie erfährt man, was der Partner mag und schätzt? Wie erfährt man, welche Dinge den Partner verrückt machen? Wie erfährt man, was in der Beziehung möglich ist und was nicht? Keine Art von formellem Wissen kann uns darauf eine Antwort geben. Man erfährt es im Zusammensein mit dem Partner, indem man beobachtet, zuhört, ihn oder sie kennenlernt. Also ist die Art von Wissen, die man braucht, um eine Beziehung effektiv zu gestalten, gerade die, die man nicht in der Schule lernt – informelles Wissen.

Das formelle Wissen, das an der Schule gelehrt wird, ist begleitet von formaler und deduktiver Logik. Doch die informelle Logik, die wir in Beziehungen benötigen, ist nicht so klar eingrenzbar. Obwohl wir vielleicht Entscheidungen auf der Basis von uns korrekt erscheinenden Voraussetzungen treffen, können diese Voraussetzungen falsch oder die Entscheidungen unlogisch sein.

Formale Logik im Unterricht lehrt uns Voraussetzungen, auf deren Grundlage wir eine Schlußfolgerung ziehen können:

Alle Menschen sind sterblich.
Sokrates ist ein Mensch.
Daher ist Sokrates sterblich.

Die Voraussetzung, daß alle Menschen sterblich seien, wird als wahr akzeptiert, und die Folgerung daraus ist logisch. Doch wenn wir diese Methode formaler Logik anwenden würden, um Beziehungen zu bewerten, müßte jede zweite Ehe scheitern. Entweder wir gehen von einer falschen Voraussetzung aus, oder wir ziehen einen unlogischen Schluß aus einer richtigen Voraussetzung. Das folgende Beispiel zeigt eine falsche Voraussetzung, die zu einem falschen Schluß führt:

Alle Männer betrügen ihre Frauen.
Jack ist ein Mann.
Also betrügt Jack seine Frau.

Selbst wenn die Voraussetzung stimmt, ziehen wir nicht immer eine logische Schlußfolgerung:

Einige Männer betrügen ihre Frauen.
Jack ist ein Mann.
Also betrügt Jack seine Frau.

Im zweiten Beispiel könnte man nur eine richtige Schlußfolgerung ziehen, nämlich daß Jack seine Frau betrügen *könnte*. Doch dies muß nicht unbedingt logisch sein, wenn man das gesamte über Jack existierende nichtformelle Wissen berücksichtigt. Alle Informationen, die man über Jacks Persönlichkeit, seine Ansprüche und sein typisches Verhalten hat, würden zu der Schlußfolgerung führen, daß es unwahrscheinlich ist, daß Jack seine Frau betrügt. Ohne informelle Logik kann folglich keine gültige Schlußfolgerung gezogen werden.

Sharon beurteilte das plötzlich fehlende sexuelle Interesse ihres Mannes Paul mit einer falschen Voraussetzung. »Er hat mich schon zwei Wochen nicht mehr geliebt, und wenn ich ihm näherkommen will, sagt er, daß er zu müde sei«, beklagte sie. »Wir haben uns sonst immer mehrmals in der Woche geliebt. Ich befürchte, daß er mich nicht mehr so liebt wie früher.« Was war Sharons Logik?

> Glückliche Ehepartner lieben sich stets mehrmals in der Woche.
> Sharon und Paul haben sich seit zwei Wochen nicht mehr geliebt.
> Also sind Sharon und Paul kein glückliches Ehepaar.

Doch in diesem Fall durfte man formale Logik nicht anwenden, und als Sharon dies versuchte, mußte ihre Logik falsch sein. Das nichtformelle Wissen (oder auch der gesunde Menschenverstand) hätte ihr sagen müssen, daß es viele Gründe gibt, warum Jack in letzter Zeit kein Interesse an Sex hatte.

Wenn jemand versucht, Ihnen weiszumachen, daß

irgend etwas in einer Beziehung aufgrund logischer Regeln wahr sein muß, so haben Sie allen Grund, skeptisch zu sein. Tatsächlich ist formale, deduktive Logik in Beziehungen selten von Nutzen. Nichtformale Logik ist die Grundlage fast aller Schlüsse, die Sie ziehen. Sie benutzen sie jeden Tag, meist mehrmals. Sie ist schon ein Teil von Ihnen, so daß es Ihnen wahrscheinlich nicht einmal mehr bewußt ist, wenn Sie sie benutzen.

Wenn Ihr Partner beispielsweise morgens vor dem Frühstück mürrisch ist, so erwarten Sie jeden Tag aufs neue, daß er oder sie vor dem Kaffee schlechtgelaunt sein wird. Oder wenn Ihr Partner einen bestimmten Gesichtsausdruck zeigt, wenn er oder sie sich schuldig fühlt, so schließen Sie, wenn Sie diesen Gesichtsausdruck sehen, daß Ihr Partner sich wahrscheinlich wieder einmal schuldig fühlt.

Formale Logik wendet man nicht dann an, wenn es an deduktiver Sicherheit fehlt. Wir benutzen sie für Schlußfolgerungen, die zwar meistens, aber nicht notwendigerweise immer wahr sind.

Wir lernen, Probleme als übersichtlich geordnet und leicht lösbar zu betrachten

Akademische Probleme sind meist übersichtlich geordnet, leicht einzugrenzen und lösbar. Im Gegensatz dazu sind Probleme des alltäglichen Lebens ungeordnet, beharrlich und komplex. In der Schule erledigt man seine Aufgaben, lernt den Unterrichtsstoff und besteht dann den Test. Damit ist das Interesse für dieses Problem abgeschlossen, und man wendet sich einem neuen zu. Doch im Alltag sind Probleme selten leicht einzuordnen, klar definiert oder nur kurzfristig aktuell. Wie gehen Sie mit einem Konkurrenten um, der sich in ihren Job drängt, mit einem Familienmitglied, das Ihr Leben umkrempeln will, oder mit einem Kind, das in Schwierigkeiten gerät? Dies sind nicht eingrenzbare Probleme, die mit anderen Lebensbereichen verknüpft sind. Wenn Sie beispielsweise aus Unzufriedenheit im Beruf Ihren Job kündigen, hat diese Lösung weitreichende Folgen für Ihre Familie und Ihren Lebensstil. Die Lösung eines Problems kann neue Probleme mit sich bringen.

Beziehungsprobleme können besonders schwer einzuordnen sein, da es wenig objektive Richtlinien gibt, die uns helfen, sie zu lösen. Außerdem können Probleme selten für sich betrachtet werden. Sheila und Barry wünschten sich ein Kind. Sie glaubten auf diese Weise ihre Ehe wieder zu bereichern, die mit der Zeit ihren Reiz verloren hatte. Sie bereiteten aufgeregt alles für die Geburt des Kindes vor, und als ihr Sohn geboren wurde, fühlten sie sich tatsächlich einander so nahe, wie schon seit langem nicht mehr. Doch im Laufe der Zeit wurde deutlich, daß ein Kind eine Reihe neuer Probleme mit sich bringt: So hatten sie nun weniger Zeit füreinander, sie mußten sparen, und oft waren sie uneins, wenn es um die Erziehung ging. Die Annahme, die Ehe würde durch ein Kind harmonischer werden, war eine naive, unrealistische Vorstellung. In der Vielfalt des Lebens können Probleme niemals einzeln gelöst oder wie einzelne Gegner ausgeschaltet werden.

Nun begreifen Sie, warum die akademische Ausbildung in der Schule uns so wenig auf unser Alltagsleben vorbereitet – besonders wenn es um Beziehungen geht. Ein Vergleich zwischen akademischer Intelligenz und Beziehungsintelligenz verdeutlicht uns, daß sie sich eigentlich in jedem Aspekt unterscheiden:

Akademische Intelligenz	*Beziehungsintelligenz*
1. Aufgaben bzw. Probleme sind vorgefertigt.	1. Probleme müssen selbständig erkannt und ihr Charakter muß bestimmt werden.
2. Sie präsentieren sich meist in einfacher, gut gegliederter Form.	2. Probleme sind meist diffuser Art. Sie präsentieren sich selten eindeutig.
3. Der Kontext der Probleme spielt als Faktor bei der Lösung nicht unbedingt eine Rolle.	3. Beziehungsprobleme existieren immer in einem größeren Kontext, der sowohl die Definition der Probleme, als auch die möglichen Lösungsansätze beeinflußt.
4. Akademische Aufgaben, besonders solche, denen wir in Tests begegnen, haben meist bestimmte »richtige« Antworten. Diese Antworten werden nicht von uns festgelegt, sondern uns von anderen so vorgegeben.	4. Beziehungsprobleme haben niemals objektiv »richtige« oder »falsche« Lösungen. Man kann zwischen unterschiedlichen Lösungsmöglichkeiten wählen. Die Auswahl selbst ist nicht so wichtig, wie die Reaktion, die daraus folgt.
5. Probleme können gelöst werden, ohne daß man unbedingt genaue Details über den Background wissen müßte.	5. Hintergrundinformationen können das Verständnis für ein Problem stark beeinflussen und damit auch die Entschei-

Als Beispiel: Eine mathematische Aufgabe zu lösen erfordert methodische Kenntnisse, aber keine abstrakten Regeln.	dung für eine bestimmte Lösung. Manchmal kommt diese Information aus einem völlig anderen Bereich als das bestehende Problem.
6. Die Fähigkeit, Lösungen selbständig zu finden, wird höher bewertet als ein Lösungsweg in Zusammenarbeit mit anderen.	6. Die Lösung von Beziehungsproblemen erfordert wegen ihrer besonderen Art die Zusammenarbeit mit einer oder mehreren anderen Personen.
7. Angaben werden klar verständlich, oftmals mündlich dargestellt.	7. Angaben können auf vielerlei Art, sowohl klar als auch verschwommen, gemacht werden. Nichtverbale Anzeichen sollten größere Beachtung finden als verbale.
8. Akademisches Lernen ist formal; das bedeutet, es gibt vorgeschriebene Problembereiche, festgelegte Regeln und Methoden zu deren Lösung.	8. In Beziehungen ist informelles Lernen – Leben, wie Menschen einander verstehen, zuhören und einfühlsam miteinander umgehen – oftmals besonders nützlich.
9. Probleme haben eindeutige Lösungen.	9. Probleme sind oft schwer einzugrenzen und dauerhaft; sie erfordern häufig langwierige Lösungswege, und die Lösung eines Problems kann ein neues Problem zur Folge haben.

Um unsere Alltagsprobleme zu lösen, können die Grundsätze und Methoden, die sich in der Schule bewährt haben, grundverkehrt sein. Daher ist es nicht erstaunlich, daß vielfach die Menschen, die in ihrer Schulzeit sehr erfolgreich waren, später die größten Schwierigkeiten haben. Das ist gleichzeitig die Antwort auf die von vielen gestellte Frage: »Warum scheitern meine Beziehungen, wenn ich doch sonst so erfolgreich bin?«

Sind »clevere« Menschen bessere Partner?

Akademische Kenntnisse sind natürlich nicht der einzige Hinweis auf Intelligenz, obwohl sie uns meist als Maßstab dienen. In meinem Buch *The Triarchic Mind* habe ich Intelligenz als dreiteilige Dynamik bezeichnet. Zu der Fähigkeit, Logik und Verstand zu benutzen, kommen noch zwei weitere Komponenten hinzu. Zum einen der gesunde Menschenverstand oder auch die praktische Intelligenz, zum anderen kreatives Denken und einsichtiges Handeln.

In dem gesamten Buch habe ich eine Reihe von Übungen vorgestellt, mit denen der Leser seine Intelligenz testen kann. Die Person, die in einer oder in mehreren dieser drei Aspekte, also Verstand, praktische Anwendung und Kreativität, gut abschneidet, kann man als »intelligent« bezeichnen. Es ist anzunehmen, daß diese intelligente Person insgesamt besser im Leben zurechtkommen wird als eine andere, deren Test in allen Bereichen niedrig bewertet wird. Das Mittelmaß ist wahrscheinlich die beste Voraussetzung. Ein Mensch mit Verstand, dem es an Kreativität fehlt, kann als rigide bezeichnet werden; ein überaus kreativer Mensch, dem es an gesundem Menschenverstand fehlt, würde man vielleicht »flippig« nennen. Menschliche Intelligenz ist von Natur aus das ausgewogene Handeln dieser dreigeteilten Dynamik.

Ein intelligenter Mensch mag Vorzüge gegenüber einem weniger intelligenten Menschen haben, doch die Intelligenz selbst garantiert noch keine harmonische Beziehung. Beziehungsintelligenz beinhaltet noch andere dynamische Faktoren, die nicht unbedingt in der dynamischen Intelligenz enthalten sind: unter anderem Einfühlungsvermögen, Leidenschaft, Vertrautheit, Bereitschaft zu handeln, Verantwortung und Intuition. Beziehungsintelligenz erfordert außerdem einen bestimmten Zusammenhang, der sich grundsätzlich von dem unterscheidet, den Sie in anderen Lebensbereichen einsetzen. Beispielsweise unterscheidet sich gesunder Menschenverstand im Berufsleben von gesundem Menschenverstand in zwischenmenschlichen Beziehungen.

Die Methoden der Beziehungsintelligenz, die weiter unten im Buch beschrieben werden, beziehen sich ausschließlich auf alltägliche Liebes- und Beziehungsprobleme. Sie müssen erlernt werden, so wie man akademische Kenntnisse erlernt. Man kann sie nicht automatisch erfassen. Und genausowenig wie die Schule Sie auf die Liebe vorbereitet, kann Ihre Erfahrung im Beruf Ihnen helfen, eine harmonische Beziehung aufzubauen.

Kapitel 3
Intelligente Liebe
Erfolgreich im Beruf, Versager in der Liebe

Frank war eine richtige Kanone in seinem Beruf; innerhalb seines ersten Jahres im Verkauf hatte er die Einnahmen seines Unternehmens beinahe verdoppelt. Er war ein talentierter Geschäftsmann. Er besaß einen Instinkt, sich in den Kunden hineinzuversetzen. Kunden hatten seinem Chef erzählt, daß Franks Präsentationen unwiderstehlich waren. Doch in seinen Beziehungen fühlte Frank sich als Versager. Frauen fühlten sich von ihm angezogen, doch die Beziehungen endeten bald nach den ersten Annäherungsversuchen. Frank konnte das nicht verstehen. Wie konnte er ein so erfolgreicher Geschäftsmann und gleichzeitig ein so unfähiger Liebhaber sein.

Verhaltensweisen und Taktiken des Geschäftslebens bereiten uns nicht auf eine erfüllte Beziehung vor, ebensowenig wie die, die wir in der Schule erlernt haben. Dies kann man deutlich erkennen, wenn man einmal die Arbeitsideologie untersucht.

Wir wissen genau, wie man Karriere macht

Frank weiß genau, wo er in seinem Beruf steht. Jeden Monat erscheinen Gehaltsberichte, in denen er schwarz auf weiß seinen Entwicklungsstand ablesen kann. Für die meisten Arbeitsbereiche gibt es sinnvollerweise klare Anweisungen, die zum Erfolg führen. Man kann feststellen, ob man sich weiterentwickelt, stagniert oder Rückschritte macht.

In Beziehungen ist es meist schwer zu erkennen, wann man sich weiter- und wann zurückentwickelt. Es ist eher wie in einem Irrgarten, in dem man nicht genau weiß, in welche Richtung man gerade geht. Manchmal glaubt man sogar, sich weiterentwickelt zu haben, wenn man in Wirklichkeit Rückschritte gemacht hat. Wir alle glauben, daß der Erfolg sich programmgemäß als aufsteigende Linie in einer Wachstumstabelle darstellen läßt, und so sind wir frustriert über die Verzweigungen auf dem Weg einer Beziehung.

Frank fühlt sich in seinem Beruf sicher, doch wenn er versucht, seinen ehelichen Erfolg gleichermaßen zu beurteilen, so fehlt ihm diese Sicherheit.

Nach Franks Ansicht entwickeln sich die Dinge für ihn und Susan gut. In den drei Jahren ihrer Ehe sind sie beide beruflich vorwärtsgekommen, und ihr Einkommen hat sich in dieser Zeit verdoppelt. Sie wohnen jetzt in einem großen Haus und haben sich ein neues Auto angeschafft. Frank möchte nun einen Schritt weitergehen; er möchte Kinder haben, denn er glaubt, ihre Beziehung sei stabil, und sie befänden sich in gesicherter Position. Doch jedesmal, wenn er das Thema auf Kinder bringt, sucht Susan nach Entschuldigungen, warum es gerade jetzt nicht gut sei. Sie streiten sich oft darüber, und Frank kann die Abwehrhaltung seiner Frau nicht verstehen.

Als Susan vorschlägt, einen Eheberater aufzusuchen, ist Frank schockiert. Für ihn war ihre Beziehung niemals besser gewesen als jetzt. Doch was er als Weiterentwicklung betrachtet hatte, sah für Susan ganz anders aus. Sie stimmt ihm zu, daß sie sich wohl finanziell und sozial weiterentwickelt haben, doch sie findet, daß durch diesen Prozeß ihre Beziehung leer geworden ist. Sie hatten so viel Energie auf materiellen Gewinn und berufliches Fortkommen verwendet, daß nur wenig Zeit füreinander geblieben war. Frank findet, daß die äußeren Umstände besser denn je sind, aber für Susan standen die Dinge niemals schlechter. Frank hatte sich nur an den greifbaren Merkmalen orientiert, wenn er die Entwicklung seiner Beziehung betrachtete. Doch zu einer Beziehung gehören viele verschiedene Bereiche, nicht nur der materielle. Frank weiß nicht, wie er in seiner Ehe auf emotionaler und vertraulicher Ebene einen Fortschritt herbeiführen soll, daher ignoriert er sie. Seine Erfahrung im Berufsleben hat ihn nicht auf die Einschätzung dieser Bereiche vorbereitet.

Wir werden ermutigt, voranzukommen

Berufliches Fortkommen ist oft eine Folge von taktischen Zügen. Wer im Beruf erfolgreich ist, wird gefördert, wechselt Abteilungen und bekommt Angebote von anderen Unternehmen. Als Teil dieses Aufstiegs wird erwartet, daß man seine Stelle immer wieder wechselt. In einigen Wirtschaftsbereichen gehört dieser Stellenwechsel schon zur Routine; diejenigen, die 20 Jahre in einer Stelle bleiben, sind die Verlierer.

In Beziehungen hingegen wird dieser ständige Wechsel als ein Zeichen für Versagen angesehen. Nur wenige

Menschen sind in der Lage, aus einer gescheiterten Beziehung ohne irgendein Gefühl von Versagen herauszugehen. Die meisten Menschen fühlen sich zutiefst verletzt oder sogar verraten, wenn der Partner sie verläßt. Es gibt aber anderseits auch Menschen, die das Ende einer Beziehung als natürliche Station im Verlauf eines Lebens betrachten. Für sie ist eine beendete Beziehung vielleicht sogar ein Erfolg – wenngleich nur einer von kurzer Dauer. Doch im großen und ganzen ist das gesellschaftliche Stigma von Scheidung und Scheitern weitverbreitet. Nach meiner Erfahrung neigen Menschen zu Mißtrauen gegenüber Zeitungsratgebern, Eheberatern und Autoren von Beziehungsratgebern, die selbst geschieden sind. Dies ist eine Art "Arzt, heile dich selbst".

In Politik und Wirtschaft trifft man immer wieder auf die Meinung, daß ein Mensch, der nicht in der Lage ist, dauerhafte persönliche Beziehungen einzugehen, auch nicht das Vertrauen genießen kann, wirtschaftliche oder politische Verantwortung zu tragen. Natürlich gab es hier mit der Zeit wichtige Einstellungsveränderungen, doch die sozialen Normen ändern sich nicht so schnell. Selbst in unserer Zeit, in der eine Scheidung zum Alltag gehört, ist diese doch immer noch mit einem Stigma behaftet. Betrachten wir nur einmal die Wörter, mit denen wir dies beschreiben: »zerbrechen«, »entzweien«, »abgeschoben werden«. Es wird wohl akzeptiert, daß man seinen Job aufgibt, um einen anderen anzunehmen, doch einen Menschen wegen eines anderen zu verlassen, wird nicht akzeptiert. Daß man jemanden gefunden hat, der die eigenen Bedürfnisse besser erfüllt, wird nicht als Zeichen von Beziehungsfähigkeit angesehen.

Manchmal berichte ich in einem Vortrag von einer Beziehung, die seit vielen Jahren unzufriedenstellend ist. Die Frau möchte die Ehe beenden. Sie mag ihren Mann noch immer, doch auf andere Weise. Ich erkläre meinen Zuhörern, daß wir vor 10 Jahren noch gesagt hätten, die Frau schiebt ihren Mann ab. Heutzutage würde man es vielleicht einfach »seine Beziehung neuordnen« nennen. Sie bittet ihren Mann, ihr Freund zu bleiben, doch eben nicht länger ihr Ehemann. Solche Übereinkommen sind heute allgemein üblich. Doch die Zuhörer belächeln noch immer diese Begriffsneubildung. Warum? Weil sie hinter dem Wort »neuordnen« immer noch das Wort »abschieben« hören. Ihre Vorstellungen sind sehr fest verwurzelt.

Als Jill sich zur Trennung von Jack entschloß, hoffte sie auf große Unterstützung ihrer Mitmenschen. Jeder wußte, daß Jack Alkoholiker war und dauernd den Job wechseln mußte. Jill hatte fünf Jahre lang versucht, Verständnis für ihn aufzubringen, doch es wurde ihr klar, daß er noch nicht bereit war, Hilfe anzunehmen. So erzählte sie ihrer Familie und ihren Freunden, daß sie ihn verlassen werde, und alle waren sehr verständnisvoll und hilfsbereit.

Doch als sie ihn schließlich verlassen hatte, gab es für sie ein unsanftes Erwachen. Die Hilfe, die sie erwartet hatte, bleib aus. Ihre Freunde, die größtenteils verheiratet waren, distanzierten sich von ihr. Selbst ihre ältesten Freunde aus der Zeit vor Jack gaben sich keinerlei Mühe, sie in ihren Kreis sozial zu integrieren. Auch ihre Eltern änderten ihre Einstellung und gaben trotz ihrer großen Probleme mit Jack zu bedenken, daß sie doch immerhin verheiratet gewesen sei. Nun sei sie auf sich selbst gestellt und würde vielleicht keinen neuen Partner finden. Sie machten deutlich, daß sie nicht auf ihre Ersparnisse hoffen sollte, denn sie seien pensioniert und hätten jeden Pfennig nötig. Jill erkannte, daß der ganze Wirbel um die gesellschaftliche Entwicklung und die Befreiung der Frau nur leere Worte waren. Die Gesellschaft zeigte sich bei ihrer Neuorientierung sehr wenig hilfsbereit.

Diese zwei verschiedenen Maßstäbe im erfolgreichen Berufsleben und im erfüllten Privatleben sind uns oft nicht bewußt. Doch diese unterschiedlichen Maßstäbe haben ihren Grund. Erfüllung in der Partnerschaft wird ganz anders bewertet als Erfüllung im Beruf; dafür sind andere Kriterien entscheidend. Nur selten erfahren Menschen, die eine Beziehung beenden, dieselbe Zustimmung und Erwartung, die sie aus ihrem beruflichen Fortkommen kennen.

Wir erwarten von anderen eine klare Rückmeldung

Im Beruf bekommen wir von unseren Vorgesetzten klare Rückmeldungen, doch dies gilt nicht für zwischenmenschliche Beziehungen. Die meisten Reaktionen sind zweideutig. Das persönliche Interesse, das zwei Menschen an ihrer Beziehung haben, läßt sie ihre Reaktionen filtern, manchmal sogar entstellen. Es ist in einer Beziehung nicht ungewöhnlich, daß ein Partner erst dann feststellt, daß etwas nicht stimmt, wenn der andere erklärt, daß er oder sie fortgeht. Die Anzeichen waren vielleicht schon da, doch das Feedback war nicht deutlich genug, um sich richtig einzuschätzen.

Als Allen die Scheidung einreichte, war Betsy wie

vor den Kopf geschlagen. Sie hatte keine Anzeichen bemerkt, und so machte es für sie keinen Sinn. Natürlich hatte ihre Ehe Höhen und Tiefen, doch sie hatten niemals über Scheidung gesprochen. Nichts, was Allen bislang getan oder gesagt hatte, hätte Betsy darauf hinweisen können, daß die Lage so ernst war.

Doch tatsächlich hatte Allen, ohne daß Betsy etwas davon bemerkt hatte, in den letzten fünf Jahren Beziehungen zu anderen Frauen gehabt. Er hatte diese Affären vor sich selbst gerechtfertigt, indem er sich einredete, daß er nur so seine Ehe aufrechterhalten könne. Wären diese Affären nicht gewesen, so hätte er Betsy fünf Jahre früher verlassen. Doch nun war er an einem Punkt angekommen, an dem diese Affären nicht mehr ausreichten, seine Ehe zu erhalten. Er hatte eine Frau kennengelernt, für die er sehr viel empfand, und die er heiraten wollte.

Als Allen ihr seine Scheidungsabsichten erklärte, mußte Betsy an ihren Beruf denken, in dem ihr viele Angestellte unterstanden. Sie dachte daran, daß sie jeden ihrer Mitarbeiter, der seine Arbeit nicht angemessen versah, in fairer Weise ermahnte und ihm eine Chance gab, seine Leistung zu verbessern, bevor sie ihr oder ihm kündigte. Doch nun empfand sie Allens Entschluß als »fristlose Kündigung«. In Wirklichkeit hatte es viele Vorwarnungen gegeben, sie waren jedoch eher indirekter Art gewesen.

Die Beziehung von Allen und Betsy ist ein gutes Beispiel dafür, daß die Partner sich manchmal fast konspirativ verhalten, um zu verschleiern, daß in ihrer Ehe etwas nicht stimmt. So war beispielsweise ihr Sexualleben über Jahre hinweg völlig zum Erliegen gekommen, und keiner von ihnen hatte jemals darüber gesprochen. Natürlich verstand Betsy, daß dies ein Anzeichen für Probleme war. Vielleicht wußte sie sogar oder vermutete, daß Allen Affären hatte. Doch sie sagte nichts. Und Allen seinerseits tat so, als ob alles in Ordnung wäre, anstatt ihr deutlich zu machen, daß er unzufrieden war – solange, bis er es nicht mehr verbergen konnte.

In unseren Beziehungen müsse wir oftmals wie Dedektive nach Anzeichen suchen. Die Hinweise, die wir suchen, finden wir meist nicht auf den ersten Blick.

Des einen Gewinn ist des anderen Verlust

Aus der Berufswelt kennen wir die sogenannten »Nullsummenspiele«. Dabei ist des einen Gewinn automatisch des anderen Verlust. Zum Beispiel, wenn ein Geschäftsmann sein Produkt an einen Kunden verkaufen kann, dann verliert sein Konkurrent gleichzeitig dieses Geschäft. Oder wenn ein Arbeiter befördert und ein anderer übergangen wird.

Doch in einer Beziehung können solche »Nullsummenspiele« verheerend sein. Sie kann nicht als Schauplatz für Wettkämpfe herhalten. Solche Spiele auf Gewinn oder Verlust zerstören jede Beziehung. Wir brauchen im Gegenteil Gewinnstrategien, von denen beide Partner profitieren. Doch leider sind wir so an diese »Nullsummenspiele« gewöhnt, daß wir in unserer Beziehung oft automatisch unseren Gewinn als Verlust für unseren Partner in Kauf nehmen, und umgekehrt.

Victor wird in seiner Firma oft als »Silberfuchs« bezeichnet, »silber« wegen seines silbergrauen Haars und »Fuchs« wegen seiner Gerissenheit, mit der er jedem Konkurrenten die Aufträge abjagt. In seinem Beruf, Computerwartung, gibt es nur ein bestimmtes Potential an Kunden. Daher ist jeder Kunde, den er neu hinzugewinnt, für einen seiner Mitbewerber ein harter Verlust.

In seiner Firma zweifelt niemand an Victors Fähigkeiten. Doch in seinem Liebesleben ist er nicht so erfolgreich. Vielleicht liegt es daran, daß er seinen Arbeitsstil auf seine persönlichen Beziehungen überträgt. In der Tat ist er stolz darauf, seine Liebespartnerinnen auszutricksen, genau so wie er dies im beruflichen Wettbewerb macht. Victor würde seine Einstellung folgendermaßen erklären: Er weiß, was er von einer Beziehung erwartet, und er möchte dies mit allen Mitteln erreichen. Er sieht darin keinen Unterschied zu seinen Geschäften.

Da Victor clever und charmant ist, funktionieren seine Methoden meist – für eine Weile. Doch die Beziehungen sind nicht von Dauer. Entweder bemerkt Victor, daß er nicht das bekommt, was er will, oder seine Partnerin durchschaut das Spiel. Daher sind seine Beziehungen kurzlebig und egoistisch. Wenn er einmal »im Geschäft ist«, so weiß er nicht, wie er wahre Vertrautheit erreichen kann.

Arbeit ist aufgabenorientiert, nicht menschenorientiert

Im Geschäftsleben gibt es klar definierte Aufträge oder Aufgaben, die erfüllt werden müssen. Interesse an menschlichen Beziehungen dienen in erster Linie dem Auftrag. Wenn die Angestellten zufrieden sind, produzieren sie auch mehr. Doch gute menschliche Beziehungen sind nicht das eigentliche Ziel. Ein Manager, der sich nicht darstellen kann, wird seinen Job nicht halten können, ausgenommen seine Ergebnisse lassen sich verkaufen.

Wir neigen dazu, diese Aufgabenorientiertheit auf unsere persönlichen Beziehungen zu übertragen, und gerade dies ist oft der Grund für unser Scheitern.

Louis ist ein sehr fähiger Manager seiner Firma, in der Autoteile hergestellt werden. Er vereint mit großem Erfolg einen hohen Anspruch an Aufgabenorientierung mit der Fähigkeit, seine Angestellten für ihre Arbeit zu motivieren. Er ist ein bodenständiger Manager, der von seinen Angestellten Erfolg erwartet, und sie angemessen entlohnt, wenn sie erfolgreich sind. Sind sie es nicht, so gibt er ihnen Gelegenheit sich zu verbessern; doch er kündigt ihnen, wenn ihnen dies nicht gelingt.

Louis weiß wohl, daß seine beruflichen Fähigkeiten nicht die sind, die er in seiner Rolle als Marians Ehemann benötigt, doch er weiß nicht, was er ändern soll. Er fühlt sich unbehaglich in seiner verworrenen Vorstellung von der Rolle und Aufgabe in einer Ehe. Wenn Marian sich beklagt, daß sie sich nur wünscht, daß er für sie »da ist«, weiß er nicht, was sie damit meint. Er glaubt, daß es Zeitverschwendung ist, sich nur auf die Beziehung zu konzentrieren und nicht auf gemeinsame Ziele und Aufgaben. Es gibt kein sichtbares »Produkt« oder Ziel, und so ist er unsicher, was von ihm erwartet wird.

Besondere Mühe zahlt sich meist aus

Es ist viel wert, wenn man sich in seinem Beruf anstrengt. Man wird für jede Überstunde gelobt, dafür, daß man härter arbeitet als die Kollegen, oder auch dafür, daß man so manche Nacht durcharbeitet. Doch übertragen auf persönliche Beziehungen muß diese besondere Mühe nicht unbedingt erfolgreich sein.

Vera versucht seit sechs Jahren vergeblich, ihre Ehe mit Tony in Gang zu halten. Diese Ehe wird im Grunde nur durch Veras starke Willenskraft aufrechterhalten. Tony hingegen gibt sich überhaupt keine Mühe. Er kommt und geht, wann er will, und seine Spielleidenschaft hat sie schon oft in ernste finanzielle Schwierigkeiten gebracht.

Vera fragt sich oft, warum es zwischen ihnen nicht klappt, obwohl sie sich doch sehr bemüht.

Doch dieses Bemühen wird Vera und Tony nicht weiterhelfen. Sich zu sehr zu bemühen kann einer Beziehung eher schaden – besonders im sexuellen Bereich.

Tom hatte einen schrecklichen Tag im Büro hinter sich. Während einer Sitzung hatte man ihn heftig kritisiert, und seine Vorgesetzten hatten ihm deutlich zu verstehen gegeben, daß er an Verantwortung für den Bereich Arbeitsbeziehungen in seiner Gesellschaft verlieren würde, wenn er die Anforderungen der Firma nicht erfüllen könne. Er kam müde und geknickt nach Hause und versuchte, sich bei ein paar Drinks zu entspannen. Als er und Silvia zu Bett gingen, fühlte er sich wirklich bereit zu sexueller Entspannung. Doch je mehr er sich bemühte, zu einer Errektion zu kommen, um so frustrierter wurde er. Nichts passierte.

Sylvia versuchte, ihn zu beruhigen und ihn zum Schlafen zu überreden. Doch er konnte nicht schlafen. Sein sexuelles Versagen war das schreckliche Ende eines schrecklichen Tages. Was war los mit ihm? So sehr er sich bemühte, nichts wollte klappen.

Am nächsten Tag war Tom völlig durcheinander. Im Büro ging es ihm nicht viel besser, obwohl man ihm von seiten der Gesellschaft ein wenig entgegen kam. Er war übermüdet und abgespannt, und er fühlte, daß ihm die Firma nur in unwichtigen Bereichen Zugeständnisse machte, die wichtigeren aber fest im Griff hielt. Tony sollte davon ausgeschlossen bleiben. Am Abend gingen Tom und Silvia ins Bett, und er war entschlossen, das Fiasko vom Vorabend nicht zu wiederholen. Doch auch diesmal versagte er. Nun war er überzeugt, daß er auch noch die Kontrolle über seine Sexualität verloren hatte. Er bemühte sich immer mehr, bis Silvia dem ein Ende setzte. »Sieh mal, Tom,« sagte sie sanft, »du stehst zur Zeit beruflich unter einem ungeheuren Druck. Du brauchst eine Pause, um dich zu entspannen. Laß uns den Sex für eine Woche vergessen.«

Tom war von dieser Idee überhaupt nicht begeistert. Er war sicher, daß er mit diesem Problem fertigwerden würde. Doch Silvia bestand darauf, und schließlich stimmte er zu. Es dauerte keine Woche. Am fünften Tag war Tom bereit, und ohne viele Worte konnten sie sich lieben.

Je mehr, desto besser

Im Beruf gilt: Je mehr, desto besser. Dies ist eine echt amerikanische Denkweise. Doch in Beziehungen funktioniert diese Devise nicht. Eine Beziehung ist wie eine Wippe, auf der man das Gleichgewicht halten muß. Schon ein Faktor kann die anderen Bereiche der Beziehung aus dem Gleichgewicht bringen. Ein zu starkes Konzentrieren auf Sex beispielsweise kann die Kommunikation auf anderen Gebieten beeinträchtigen. Wenn das Gewicht zu sehr auf Freundschaft liegt, kann die sexuelle Leidenschaft darunter leiden, zu viel Nähe kann erstickend sein. Immer wieder brauchen wir das Gleichgewicht in unseren Beziehungen. Wir müssen Freundschaft und Leidenschaft im Gleichgewicht halten, unsere Ideale mit der Wirklichkeit und auch die Zeit, die wir mit unserem Partner verbringen, mit der Zeit, die wir allein oder mit anderen zusammen sind.

David und Sara hatten jahrelang davon geträumt, ein eigenes Motel zu eröffnen. Sie stellten es sich schön vor, zusammen zu arbeiten und waren fasziniert von der Vorstellung, Menschen beherbergen und bewirten zu können. Sie erhielten finanzielle Unterstützung von der Bank, die es ihnen ermöglichte, ein kleines Motel zu kaufen. Doch sie bemerkten schnell, daß ihr Unternehmen viel mehr Arbeit erforderte, als sie es sich jemals vorgestellt hatten. Sie steckten immer mehr Zeit, Energie und Gefühl in ihr Motel. Zu Beginn ihres Unternehmens glaubten David und Sara, daß dies ihre Ehe bereichern und ihre Beziehung stärken würde. Doch im Gegenteil, die Arbeit schien ihre Ehe zu verschlingen. Eines Abends stellte Sara fest, daß nicht sie dieses Motel besaßen, sondern das Motel sie. Es beherrschte sie und drohte ihre Ehe zu zerstören. Sie erkannten, daß sie wieder ein Gleichgewicht zwischen allen Belangen ihres Lebens herstellen mußten.

Beurteilungen werden anhand von objektiven Maßstäben getroffen

Bei der Beurteilung beruflicher Leistung helfen uns meist relativ objektive Maßstäbe. Man betrachtet die geleistete Arbeit, die Anzahl der Gehaltserhöhungen und Beförderungen in einem bestimmten Zeitraum, die Anzahl der unterstellten Mitarbeiter usw.

In zwischenmenschlichen Beziehungen jedoch gibt es keine objektiven Maßstäbe. Jede Bewertung ist rein subjektiv, und daher unterscheiden sich die Bewertungskriterien der einzelnen Personen sehr voneinander. So kann in einer Beziehung des einen Freud des anderen Leid sein. Ohne objektive Maßstäbe wird die Wahrnehmung der Realität zum wichtigsten Kriterium. Doch die eigene Wahrnehmung kann sehr verschieden von der des Partners sein.

Während der zwölfjährigen Beziehung hatte Connie stets alles nach Todds Vorstellungen erledigt. Sie kannte seinen hohen Anspruch und versuchte immer all das zu erfüllen, was er von einer Frau erwartete. Doch sooft sie sich auch seinetwegen veränderte, Todd schien niemals ermessen zu können, wie groß ihre Bemühungen waren, die richtige Frau für ihn zu sein. Manchmal war er launisch und unzufrieden, doch wenn sie ihn fragte, was los war, so konnte er ihr keine klare Antwort geben. Sie wußte genau, daß er sie streng beurteilte, doch sie verstand seinen Bewertungsmaßstab nicht. Todds dauernde Kontrolle war nicht gerade gut für ihre Beziehung. Doch solange Connie nach rationalen Erklärungen für sein unzumutbares Verhalten suchte, konnte sich ihre Beziehung nicht über dieses bestehende Dilemma hinaus entwickeln.

Gefühle beeinträchtigen den Erfolg

Gefühle gehören nicht ins Berufsleben. Streit oder Tränenausbrüche gelten als unprofessionell und schaden dem Ansehen eines Menschen in seinem beruflichen Umfeld. Aus dem gleichen Grunde hält man einen Menschen, der zu gefühlvoll oder »soft« ist, für unfähig, im Beruf erfolgreich zu sein.

Im Gegensatz dazu sind Gefühle für persönliche Beziehungen von großer Bedeutung. Befriedigung in unseren Beziehungen hängt hauptsächlich vom Grad des emotionalen Ausdrucks ab, den wir geben, aber auch bekommen können. Aber die Sozialisierung und das Verhalten am Arbeitsplatz verstärken das Unterdrücken starker Gefühle.

Niemand hatte Natalie jemals beschuldigt, gefühllos zu sein. Sie war äußerst empfindlich und beim geringsten Anlaß, sowohl positiv als auch negativ, leicht in Aufregung zu versetzen. War der Anfall vorüber, so war die Sache für sie meist erledigt und sie ging zum Alltag über. Ihre Persönlichkeit erlaubte ihr, die Dinge auf diese Weise loszuwerden, ohne sie näher an sich herankommen zu lassen. Sie war ein überwiegend glücklicher Mensch, der nie länger über Dinge nachgrübelte.

Sean, Natalies Ehemann, fühlte sich von ihrer emotionalen Art irritiert. Er konnte sie nicht verstehen. »Warum weinst du?« fragte er ungeduldig, wenn sie stritten. »Wie kann uns das helfen, irgendeine Lösung zu finden?« Sean fühlte sich unwohl, wenn es zu einem Gefühlsausbruch kam. Er glaubte, dies würde die Lösung ihres Problems behindern und sei ein Zeichen von Schwäche.

Tatsächlich können Gefühlsäußerungen allein in einer Beziehung nicht zur Lösung von Problemen führen. Doch die Fähigkeit, starke Gefühle zu zeigen – positiver oder negativer Art –, gehört zu den wichtigsten Elementen der Vertrautheit. Paare, die Angst davor haben, ihre Gefühle zu zeigen, können meist nur eine Stufe oberflächlichen Verstehens erlangen.

Die Aussetzung der goldenen Regel

»Behandle andere so, wie du behandelt werden möchtest.« Dies ist eine goldene Regel. Jedermann glaubt daran – nur nicht im Berufsleben. Dort setzen wir diese Regel aus, denn wir würden unsere Ziele niemals erreichen, wenn wir sie anwendeten. Wir möchten von unseren Untergebenen nicht so behandelt werden, wie wir sie behandeln. Wir erwarten von unseren Konkurrenten nicht, daß sie auf unsere Gefühle und Bedürfnisse Rücksicht nehmen.

Doch in persönlichen Beziehungen ist diese goldene Regel sehr wichtig. In einer Beziehung sollte man sich gegenseitig unterstützen. Wenn wir die goldene Regel in unserem Liebesleben aussetzen, so kann das verheerende Folgen haben. Sol gibt, und Judy nimmt. Bis jetzt funktionierte ihre Ehe ganz gut, denn Sol gab Judy gerne, was sie brauchte, und sie nahm es gerne an. Doch nun erwartet Sol etwas von Judy. Seine Anwaltskanzlei eröffnet ein neues Büro im Mittleren Westen, und er hat die Chance, dort Leiter zu werden. Judy wurde an der Ostküste geboren und wuchs dort auf. Sie wehrt sich heftig gegen einen Umzug. Sol findet, daß er sich bis jetzt immer nach Judy gerichtet hat, und daß es nun an der Zeit ist, daß sie sich ihm ein wenig anpaßt. Doch dieses Verhaltensmuster besteht schon seit ihrer Heirat, und Judy hat nicht das Gefühl, daß sie Sol auch nur das Geringste schuldet. Viele Jahre lang war die goldene Regel nicht beachtet worden, und das hat ein unverträgliches Ungleichgewicht geschaffen.

Wenn wir Methoden aus unserem Berufsleben auf persönliche Bedürfnisse in unserer Beziehung anwenden, kann dies katastrophale Folgen haben. Unsere Berufsideologie ist nur wenig geeignet für die Belange unseres Privatlebens. Dies können wir leicht verdeutlichen, wenn wir uns die Hauptmerkmale beider Bereiche ansehen:

Beruflicher Erfolg	*Persönliche Erfahrung*
1. In aller Regel wissen wir, ob wir uns weiterentwickeln, stagnieren oder sogar zurückentwickeln.	1. Die Entwicklung ist nicht linear; der Zustand ändert sich von Tag zu Tag. Manchmal ist es schwer erkennbar, ob man gerade richtig handelt oder nicht.
2. Erfolg verlangt ständige Weiterentwicklung, die oft auch Veränderungen erfordert, beispielsweise einen neuen Job anzunehmen.	2. Die Unfähigkeit, einem Partner allein verbunden zu bleiben, wird allgemein als ein Zeichen von Schwäche angesehen.
3. Wir bekommen regelmäßig Rückmeldungen von unseren Kollegen oder Vorgesetzten.	3. Wir bekommen gelegentlich ungenaue oder vage Rückmeldungen, oder wir mißdeuten die Reaktionen, die wir erfahren.

4. Es wird akzeptiert, daß der eigene Erfolg auf Kosten anderer geht. Die Devise lautet: »Der Beste gewinnt.«	4. Erfolg kann nicht auf Kosten des Partners erlangt werden.
5. Ziel ist es, die Arbeit so gut wie möglich zu erledigen. Daher müssen manchmal andere Aspekte, wie beispielsweise zwischenmenschliche Beziehungen, geopfert werden.	5. Beziehungen sind nicht aufgabenorientiert; die zwischenmenschliche Dimension muß ebenso wie andere Aspekte der Beziehung berücksichtigt werden.
6. Besondere Leistungen werden in unterschiedlicher Form belohnt. In einigen Berufen ist dies eine Garantie für den Erfolg.	6. Besondere Bemühungen sind nicht immer sinnvoll, manchmal sind sie sogar nachteilig.
7. Im Beruf gilt: Je mehr, desto besser. Erfolg wird an der Fähigkeit, bestimmte Ziele zu erreichen, gemessen.	7. In einer Beziehung liegt der Schlüssel in der Ausgewogenheit; Erfüllung läßt sich nicht am »mehr« messen, z.B. bedeutet »mehr Sex« nicht unbedingt »mehr Liebe«.
8. Erfolgskriterien sind objektiv.	8. Kriterien für Erfolg sind subjektiv; sie werden von verschiedenen Menschen unterschiedlich betrachtet.
9. Wir werden nicht ermutigt, unsere Gefühle zu zeigen oder gefühlsmä-	9. Emotionale Äußerungen sind wertvolle Anzeichen für den Zustand einer Beziehung.

ßig zu handeln. Emotionale Äußerungen werden als unwichtig betrachtet.	
10. Wir setzen die goldene Regel aus und behandeln andere nicht gleichberechtigt. Wir treffen Entscheidungen zu unseren oder zugunsten der Firma, und nicht zugunsten des anderen.	10. Die goldene Regel ist hier unerläßlich. Beziehungen erfordern seelische Unterstützung und Mitgefühl.

Die Beziehungsintelligenz mißachtet die Regeln sowohl der akademischen als auch der Berufswelt. Solange Sie sich in persönlichen Beziehungen an den Kenntnissen Ihrer Schulzeit oder Ihres Berufslebens orientieren, werden Sie auch weiterhin scheitern. Im folgenden Teil des Buches werden wir uns dem Beziehungsunterricht widmen. Sie werden dabei Methoden erlernen, die Sie liebesfähig machen.

Teil 2

Liebesunterricht

Sechs Lektionen in Beziehungsintelligenz

Wir wollen nun zum Liebesunterricht kommen und uns in sechs Lektionen mit Beziehungsintelligenz beschäftigen. Da wir nun erfahren haben, daß die alten Methoden aus unserer Schulzeit und unserem Berufsleben für die Liebe ungeeignet sind, werden wir eine Reihe von neuen Methoden erlernen, in denen wir unseren Verstand für die Liebe einsetzen können.

Einige Menschen schrecken vor der Vorstellung zurück, daß Liebe erlernbar ist. Sie glauben fest daran, daß die Liebe nur dann echt ist, wenn sie wie von selbst fließt. Doch gerade diese Menschen müssen zugeben, daß selbst die glücklichste Beziehung in Krisen geraten kann, die der Idealvorstellung »Liebe besiegt alles« nicht standhalten kann. In Krisenzeiten suchen auch sie nach dem Schlüssel, der ihnen weiterhelfen kann.

Viele Menschen können sich nicht mit der Vorstellung anfreunden, sich mit Intelligenz oder Logik zu helfen. Sie erinnern sich nur an diese unmöglichen Gleichungen in ihren Schultests, mit denen sie nichts anzufangen wußten. Doch Beziehungsintelligenz ist keine abstrakte Wissenschaft. Es ist eine Fertigkeit, die jedermann erlernen kann. Man muß kein Genie sein, um diese Methoden anwenden zu können. Man muß sie nur benutzen. Die Lektionen über clevere Liebe, die wir in den folgenden Kapiteln behandeln wollen, sind keine Regeln. Es sind Wegweiser. Als solche sind sie ohne Kontext, das heißt, daß die jeweiligen Umstände der Beziehung die Art und Weise beeinflussen, in der sie angewandt werden. Daher sind sie vollkommen verschieden von den Methoden, die auf Ursache und Wirkung ausgerichtet sind, die man vielleicht aus Wissenschaft und Mathematik oder auch aus der zielorientierten Arbeitswelt kennt.

Vereinfacht ausgedrückt ist Beziehungsintelligenz die Fähigkeit, seine Stärken zu nutzen und seine Schwächen zu umgehen oder zu verbessern. Es ist die Umsetzung eines weiteren Intelligenzbegriffs auf die besonderen Umstände Ihrer Liebesbeziehung. Richtig angewandt kann sie Ihre Beziehung ausdauernder, aufregender, flexibler, romantischer, abenteuerlicher und letztlich auch erotischer werden lassen.

Kapitel 4

Beziehungsintelligenz: Lektion 1

Erläuterung des Dreiecks einer Liebesgleichung

Der Strand war verlassen und eine kühle Brise wehte sanft zu ihnen herüber, als sie über den Strand schlenderten. John wandte sich Martha zu. »Ich liebe dich«, sagte er leise. Er hatte lange auf diesen Moment gewartet – auf den richtigen Moment. Martha sah ihn an und in ihrem Blick lag viel Gefühl. »Ich liebe dich auch.« In dieser Nacht schenkte John Martha einen Ring. Drei Monate später waren sie verheiratet.

Nach fünf Jahren und unzähligen Kämpfen wollten sie schließlich das Handtuch werfen. Der romantische Strand im Mondlicht schien Millionen Jahre entfernt.

»Wenn du mich liebtest, würdest du dich mehr um meine Gefühle kümmern«, beschuldigte Martha John. »Du würdest mehr Zeit mit mir verbringen und mich trösten, wenn ich nicht gut dran bin.«

»Du beklagst dich ständig«, gab er wütend zurück. »Das macht mich noch verrückt. Was verlangst du von mir?«

»Ein bißchen Liebe, zum Beispiel.«

»Liebe? Wie kannst du das sagen? In letzter Zeit wendest du dich jedesmal ab, wenn ich dich lieben will.«

»Ja, weil du nur dann bei mir sein willst. Ich brauche mehr als nur das.«

»Dann beklagst du dich wenigstens nicht!« John stürzte aus dem Zimmer. Ein Jahr später waren sie geschieden.

Diese Geschichte ist nicht ungewöhnlich. John und Martha werden wohl auch den Rest ihres Lebens nicht verstehen können, warum ihre Beziehung, von der sie sich zu Beginn so viel versprochen hatten, scheitern mußte. Der Schmerz einer gescheiterten Beziehung ist schwer zu verkraften. Was hatten sie falsch gemacht?

Vielleicht sollte man besser fragen: Wie muß eine Beziehung sein, wenn sie »richtig« funktioniert? Was meinen wir, wenn wir von Liebe sprechen? Ist es ein Gefühl, die »Chemie«, die zwei Menschen anzieht? Ist es überwältigende Leidenschaft? Ist es das Verständnis, das Menschen mit gleichen Interessen, Werten und Zielen zusammenbringt? Ist es tiefe, dauerhafte Freundschaft? Ist es eine Entscheidung zusammenzuleben, was immer auch geschieht?

Es ist tatsächlich alles auf einmal. In meiner Dreieck-Liebesgleichung habe ich drei Aspekte als Ecken dieses Dreiecks bestimmt. Dies sind die Elemente der Liebesgleichung:

- Vertrautheit – das sind die Gefühle von Nähe, Zusammengehörigkeit und Verbundenheit.
- Leidenschaft – die Sehnsucht nach Romantik, körperlichen und emotionalen Reizen.
- Verbundenheit – der Entschluß, jemanden zu lieben, und das Bemühen, diese Liebe zu erhalten.

Diese drei Aspekte wirken dynamisch, sie verstärken einander. Wenn ein oder zwei Aspekte nicht oder nur

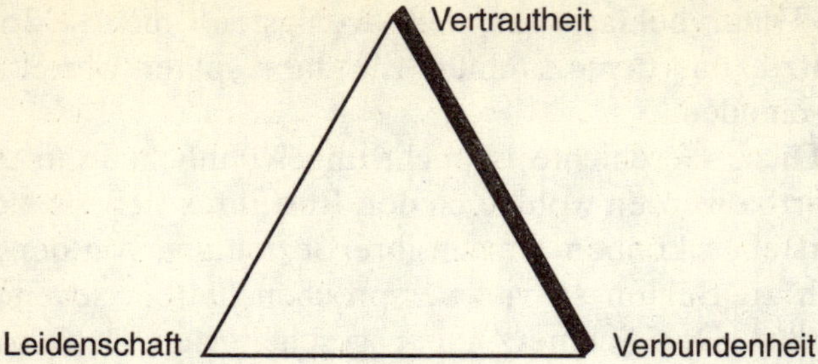

schwach vorhanden sind, ist das Gleichgewicht der Liebe gestört. Beispielsweise ist Leidenschaft ohne Vertrautheit und Verbundenheit nur Verliebtheit. Vertrautheit ohne Leidenschaft und Verbundenheit nur Zuneigung. Vertrautheit und Leidenschaft ohne Verbundenheit nur romantische Liebe. So gibt es viele verschiedene Arten von Liebe, und nicht jede Art beinhaltet alle drei Aspekte oder verlangt die gleichen Anteile von jedem Aspekt. Liebe in der Familie beinhaltet beispielsweise Vertrautheit und Verbundenheit, doch keine Leidenschaft.

Wir leiden in unserer Beziehung, wenn wir diese Kombination falsch einschätzen. Eine romantische Sommerliebe zum Beispiel kann aufregend und heiter sein, doch Leidenschaft und Vertrautheit implizieren nicht automatisch auch Verbundenheit. Der Aspekt der Verbundenheit kann später noch hinzukommen, oder auch nicht. Wenn man aber davon ausgeht, daß große Leidenschaft und Vertrautheit auch zu dieser Verbundenheit führen wird, so kann man sich verletzt fühlen, wenn der oder die Geliebte am Ende des Sommers fortgeht.

Überdies ist nicht jeder Aspekt unseres Liebesdreiecks immer von gleicher Bedeutung. In einer Beziehung kann man anfangs vielleicht mehr Leidenschaft als Vertrautheit empfinden, weil sich die tieferen Gefühle der Vertrautheit erst mit der Zeit entwickeln. Oder aber die Aspekte können von Zeit zu Zeit an Bedeutung ab- und zunehmen. Die Leidenschaft beispielsweise bleibt selten während der Dauer einer Beziehung gleich intensiv.

In jeder Beziehung gibt es nicht nur ein solches Dreieck, sondern mehrere. Beispielsweise hat jeder Partner sowohl ein reales als auch ein ideales Dreieck. Je weniger sich diese beiden Dreiecke decken, um so weniger befriedigend wird die Beziehung sein. Zur Entfaltung der Liebe ist wichtig, daß das Verhalten in der Liebesbeziehung dem Ausmaß und der Gestalt dieser Dreiecke entspricht. Wenn das reale Dreieck und das ideale nicht mehr im Gleichgewicht sind, deutet das auf eine Unausgewogenheit in der Beziehung hin.

Das Dreieck der Liebesgleichung kann auf mindestens zweierlei Arten angewandt werden. Zum einen diagnostisch, d. h. es hilft uns, den Zustand unserer Beziehung zu erkennen. Zum anderen therapeutisch, denn wenn man die Beziehung einschätzen kann, hat man gute Voraussetzungen, positive Veränderungen in der Beziehung vorzunehmen.

Wir wollen nun jeden einzelnen Aspekt der Liebe untersuchen und erläutern, wie sie untereinander wirken.

Vertrautheit

Vertrautheit ist eine der wertvollsten menschlichen Kräfte. Sie verbindet uns in Hingabe und Zuneigung. Wir finden sie in jeder Beziehung, die folgende Elemente aufweist:

1. Ihr Wunsch, den anderen Menschen in seinem Wohlergehen zu unterstützen.
2. Ihre Freude darüber, Erfahrungen miteinander teilen zu können.
3. Ihr Gefühl für die Achtung des anderen.
4. Ihr gegenseitiges Wissen, daß Sie in schweren Zeiten füreinander »da sind«.
5. Das tiefe Empfinden beider, auf der gleichen Wellenlänge zu sein.
6. Ihre Bereitschaft, den anderen gefühlvoll zu stützen.
7. Ihre Fähigkeit, nicht nur oberflächlich und in praktischen Dingen miteinander zu kommunizieren.
8. Das Wissen um den Wert im Leben des anderen.

Leidenschaft

Leidenschaft ist das romantische und körperliche Element einer Beziehung. Es ist am leichtesten zu erkennen, was nicht bedeutet, daß es leicht abzugrenzen oder zu beherrschen ist. Obwohl sich Leidenschaft meist körperlich äußert, befriedigt unsere Sexualität viele verschiedene emotionale Bedürfnisse. Leidenschaft beinhaltet:

1. die romantischen Gefühle,

2. die körperliche Anziehungskraft und das Verlangen, beieinander zu sein,
3. die beiderseitige sexuelle Erfüllung,
4. die körperliche und emotionale Erregung.

Verbundenheit

Verbundenheit hat zwei Ebenen. Zum einen die Entscheidung, jemanden zu lieben; zum anderen den Entschluß, diese Liebe über lange Zeit zu erhalten. Die Verbundenheit ist in jeder dauerhaften Beziehung unerläßlich. Dazu gehört:

1. Die Erkenntnis, daß das Gefühl für den anderen eine besondere Art von Liebe ist.
2. Die Bereitschaft, diese Liebe in irgendeiner Form auszudrücken.
3. Das Einvernehmen, daß diese Beziehung nicht nur eine vorübergehende Affäre ist.
4. Der Entschluß, sich für einen langen Zeitraum oder für immer für diese Beziehung einzusetzen.

Um zu verstehen, wie diese drei Aspekte der Liebe eine dynamische Wechselwirkung hervorrufen, wollen wir uns zunächst ansehen, wie eine Beziehung aussieht, in der nicht alle Aspekte vertreten sind.

Verbundenheit allein: Zuneigung

Daryl und Joan lernten sich kennen, nachdem Joan gerade eine längere und in gewisser Weise qualvolle

Beziehung hinter sich hatte. Sie war mit einem verheirateten Mann befreundet gewesen und war, nach großem Leiden, schließlich zu dem Schluß gekommen, daß er sich niemals von seiner Frau trennen würde, um mit ihr in einer echten Partnerschaft zu leben. Daryl war einige Jahre zuvor geschieden worden und wünschte sich nun eine neue Beziehung. Doch Joan litt immer noch unter ihrem schwierigen Verhältnis, und sie war noch nicht bereit, sich neu zu binden. Darüber hinaus hätte sie sich, selbst wenn sie dazu bereit gewesen wäre, nicht unbedingt Daryl als Partner ausgesucht, denn er war Inspektor in ihrem Betrieb, und sie hatte schon immer versucht, Beziehungen am Arbeitsplatz zu vermeiden. Die beiden bemerkten, daß sie eine Menge gemeinsam hatten. Daryl hätte aus ihrer Beziehung gern mehr als Freundschaft gemacht, doch es war klar, daß Joan dies nicht wollte.

Schließlich verliebten sich Daryl und Joan beide in einen anderen Partner, doch sie trafen sich weiterhin zum Essen, und ihre Freundschaft blieb bestehen. Sie konnten sich gut über wichtige Dinge ihres Privatlebens unterhalten; ihre Beziehung war vertraut, jedoch nicht leidenschaftlich. Und obwohl sie sich einander verbunden fühlten, wie es zu jeder Freundschaft gehört, wurde diese Verbundenheit nicht ausdrücklich betont oder langfristig angelegt. Die Verabredungen zum Essen hatten für beide zu diesem Zeitpunkt eine wichtige Funktion. Als Joan heiratete und wegzog, verloren sie einander aus den Augen. Zuneigung ist eine Art Vertrautheit ohne jede Leidenschaft oder Verbundenheit. Unter Zuneigung verstehe ich mehr als die Gefühle, die man Bekannten oder auch »Passanten« entgegenbringt. Man fühlt sich jemandem nahe und auch verbunden, ohne physische Leidenschaft zu empfinden, und die Beziehung ist nicht unbedingt langfristig angelegt. Diese Form von Vertrautheit finden wir häufig am Arbeitsplatz. Menschen, die miteinander arbeiten, kommen sich näher, haben Vertrauen zueinander, es entstehen Freundschaften. Diese Beziehungen sind von außerordentlicher Bedeutung für die menschliche Seite der Arbeitswelt. Doch außerhalb des Arbeitsplatzes werden selten dauerhafte Freundschaften oder Liebesbeziehungen daraus.

Leidenschaft allein: blinde Liebe

Josh konnte sich nicht mehr auf seine Arbeit konzentrieren. Für die Arbeit eines Buchhalters ist Konzentration von entscheidender Bedeutung, und Josh hatte in der Vergangenheit niemals Schwierigkeiten damit gehabt. Doch seit er Lois, eine Frau aus seiner Appartmentanlage, getroffen hatte, dachte er nur noch an sie. Obwohl er sie kaum kannte, war er völlig durcheinander und verlor sich wohl ein dutzendmal am Tag in Gedanken an sie. Er hatte den Verdacht, daß sie jemand anderen traf, doch das half ihm nicht, sie zu vergessen. Schließlich entschloß er sich, sie danach zu fragen. Sie entzog sich ihm taktvoll und erklärte ihm, daß sie mit einem anderen Mann befreundet sei. Doch sie flirtete ein wenig mit ihm – wie sollte das nur weitergehen? In den folgenden Monaten fühlte sich Josh wie besessen von Lois. Er stellte sich oft vor, wie sie sich liebten, er konnte schon beinahe fühlen, wie sie in seinen Armen lag. Es war »Liebe auf den ersten Blick«.

Doch aus seiner Verliebtheit entwickelte sich nichts, und da auch Lois ihm nicht weiter entgegenkam, verging dieses Gefühl mit der Zeit. Diese »Liebe auf den ersten Blick« war reine Leidenschaft ohne Vertrautheit oder Verbundenheit. Er wußte nur sehr wenig von Lois – auf jeden Fall nicht genug, um zu beurteilen, wie sie als Partner sein würde. Er hatte sie in seiner Vorstellung idealisiert, sie zur perfekten Geliebten und Partnerin stilisiert.

Solche Gefühle kommen oft aus heiterem Himmel – es reicht ein Blick, eine Berührung oder ein Wort. Sie sind meist in hohem Maße körperlichen Ursprungs und können ebenso schnell verschwinden, wie sie aufgetaucht sind. Manchmal steigern sich Menschen in ein Gefühl der Verliebtheit und erleben es doch nie wirklich. Solche Phantasien, die fast jeder von uns von Zeit zu Zeit erlebt, können uns guttun und ernste Beziehungen sogar festigen.

Wenn aber dieses starke Gefühl von Verwirrung ernst ist und zur Besessenheit wird, raubt es uns jede Zeit und Energie, die wir für andere Dinge im Leben benötigen. Es hindert uns daran, uns in bedeutungsvollen Beziehungen, die realistisch sind, zu engagieren. Selbst wenn die Verliebtheit zu einer ernsthaften Beziehung führt, ist es oft enttäuschend, wenn man das Objekt seiner Phantasie kennenlernt und feststellt, daß er oder sie nicht der Idealvorstellung entspricht.

Verbundenheit allein: sterile Liebe

Jodie und Louis waren 20 Jahre verheiratet. Die ersten Jahre waren glücklich, doch als die Kinder kamen, lief vieles falsch. Louis fühlte sich vernachlässigt. Obwohl sich Jodie immer wieder stark bemühte, ihm näherzukommen und ihn in ihre Liebe mit einzubeziehen, schien er doch eifersüchtig auf die Liebe zu sein, die sie den Kindern schenkte – so als ob sie sie ihm wegnähme. Mit den Jahren distanzierte sich Louis immer mehr, und Jodie bemühte sich weiter um die Nähe zu ihm. Doch schließlich gab sie es auf. Der Prozeß seiner Distanzierung wurde zur »selbsterfüllenden Prophezeihung«. Jodie und die Kinder wuchsen immer enger zusammen, Louis wurde zum Außenseiter.

Manchmal dachte Jodie daran, ihren Mann zu verlassen. Doch solange die Kinder noch klein waren, wollte sie nicht fortgehen. Als die Kinder größer waren, gab es andere Gründe, zusammenzubleiben. Sie hoffte immer noch, daß sich die Dinge vielleicht noch ändern könnten, wenn die Kinder einmal aus dem Haus wären. Doch es änderte sich nichts. Jodie und Louis lebten auch im Alter noch zusammen, ihrer Beziehung fehlte es jedoch an Leidenschaft und Vertrauen.

Verbundenheit ohne Leidenschaft und Vertrauen ist steril und ähnelt in ihrer Natur eher einem Vertrag als Liebe. In unserer Gesellschaft finden wir diese Art von steriler Liebe häufig am Ende langjähriger Beziehungen, wenn beide Partner das emotionale Interesse und die körperliche Anziehungskraft verloren haben. In fremden Kulturen, in denen Ehepartner noch von anderen füreinander bestimmt werden, finden wir diese sterile Liebe zu Beginn der Beziehung, Leidenschaft und Vertrautheit entstehen oft erst mit der Zeit.

Wenn eine Beziehung, die einst von Leidenschaft und enger emotionaler Bindung geprägt war, steril wird, ist es äußerst schwierig, das einmal Verlorene wiederzubeleben. Oft warten Menschen viele Jahre lang darauf, daß sich der Zauber vielleicht wieder einstellt und sind dann doch enttäuscht, wenn es nicht geschieht.

Vertrautheit + Leidenschaft = romantische Liebe

Craig war nicht sonderlich begeistert von der Idee, nach Brasilien zu gehen. Doch seine Firma hatte ihn gebeten, dort eine Filiale zu gründen. Er sollte nur etwa zwei Jahre lang dort bleiben, bis die Dinge liefen. Dann würde er zur Muttergesellschaft nach Los Angeles zurückkehren. Es war für ihn eine große Karrierechance, und so stimmte er zu.

Nach sieben Monaten in Brasilien lernte er Maria kennen. Er hatte niemals geglaubt, daß lateinamerikanische Frauen sein »Typ« sein könnten, doch mit Maria änderte sich das. Sie war die erste Frau, mit der er seine Gefühle wirklich teilen konnte. Ihre Beziehung wurde schnell enger. Sie verliebten sich, und Craig, ein überzeugter Junggeselle von 42 Jahren, entschloß sich, nun doch über eine Ehe nachzudenken. Sechs Monate später machte er Maria einen Heiratsantrag.

Maria liebte ihn und wollte ihn heiraten. Doch sie fühlte sich eng mit ihrer Familie und Kultur verbunden und wollte Brasilien nicht verlassen. So sagte sie Craig, daß sie ihn heiraten würde, wenn er bei seiner Filiale in Brasilien bleiben und mit ihr dort für immer leben wollte.

Craig dachte lange darüber nach. Er fühlte sich

zwischen seiner Liebe zu Maria und der Abneigung gegenüber ihrem Land hin- und hergerissen. Schließlich erkannte er, daß er »eingehen« würde, wenn er bliebe, daß er einfach nicht glücklich werden würde. Das Verhältnis zwischen Craig und Maria bestand weiter, solange sich Craig in Brasilien aufhielt. Schließlich kam für ihn der Zeitpunkt zurückzukehren. Voll Trauer nahmen sie voneinander Abschied, und sie wußten, daß es für sie beide besser sein würde, einander nicht wiederzusehen. Sie liebten sich zwar sehr, doch ihre Lebensumstände zwangen sie dazu, getrennte Wege zu gehen.

Romantische Liebe schließt Vertrauen und Leidenschaft mit ein. Verliebte Menschen fühlen sich nicht nur körperlich sondern auch emotional zueinander hingezogen. Verbundenheit muß jedoch nicht unbedingt Teil der Verliebtheit sein. Liebende glauben, daß Dauer nicht wichtig, vielleicht unmöglich sei, oder aber ein Aspekt, mit dem man sich erst in der Zukunft beschäftigen sollte.

Es gibt viele Möglichkeiten der romantischen Liebe. Oft beginnt es mit Leidenschaft, und es entwickelt sich ein vertrautes Gefühl füreinander, wenn beide sich näher kommen. Manchmal ist es auch eine tiefe Freundschaft, zu der mit der Zeit leidenschaftliche Gefühle hinzukommen. Doch Verbundenheit gehört nicht notwendigerweise dazu.

Vertrautheit + Verbundenheit = kameradschaftliche Liebe

Wenn man Mickey und Kathleen fragte, ob sie einander liebten, würden beide dies sofort bejahen. Doch in den 17 Jahren ihrer Ehe hatten sie bemerkt, daß Sexualität kein wesentlicher Teil ihrer Beziehung war. Keiner von ihnen fühlte ein starkes Verlangen danach, und sie waren im Bett nicht aufeinander eingespielt. So hatten sie sich damit abgefunden, sich nur gelegentlich zu lieben, und sie glaubten, daß ihre Zuneigung ausreichen würde. Sie opferten die Sexualität. Trotz fehlender Leidenschaft glaubten sie, daß ihre Ehe glücklicher sei als die meisten anderen. Wenn sie die vielen Scheidungen um sie herum betrachteten, waren sie dankbar für ihr eigenes Glück.

Kameradschaftliche Liebe umfaßt Vertrautheit und Verbundenheit. Man kann es auch als langwährende, tiefe Freundschaft beschreiben. Menschen haben ein unterschiedliches Bedürfnis nach kameradschaftlicher Liebe. Manchmal flaut die Leidenschaft im Laufe einer Ehe ab und wird von einem tiefen Gefühl der Verbundenheit ersetzt. Oder aber die Partner durchleben Zeiten, in denen Leidenschaft eine mehr oder weniger wichtige Rolle spielt. Unter kameradschaftlicher Liebe versteht man die Gefühle, die Familienmitglieder füreinander empfinden oder die man einem geschätzten Freund entgegenbringt.

Leidenschaft + Verbundenheit = verrückte Liebe

Jenny lernte Tom in einer Bar für Singles kennen. Sie wußte wohl, daß in solchen Bars selten ernsthafte Beziehungen entstehen, doch Jenny fühlte sich sehr zu Tom hingezogen. Auch Tom war sehr von Jenny beeindruckt. Sie hatte in der Vergangenheit nicht sehr viel Glück mit ihren Beziehungen gehabt, und so wollte sie Tom nicht ebenso verlieren wie die anderen Männer. Schon nach kurzer Zeit drängte sie auf eine feste Bindung. Tom war einverstanden, und nach wenigen Monaten waren sie verheiratet.

Doch schon am Ende der Flitterwochen erkannte Jenny, daß sie einen schrecklichen Fehler begangen hatte. Zu Anfang war sie sehr zufrieden gewesen, daß alles so lief, wie sie es wollte. Sie und Tom waren so unsterblich ineinander verliebt. Doch nun fand sie, daß Tom oberflächlich sei und allzu bereit zu tun, was immer sie ihm vorschlug. Er schien überhaupt keine eigene Vorstellungen zu haben. Mit einem Wort, er war langweilig. Jetzt, da sie ihn hatte, war sie nicht mehr so sicher, ob sie ihn überhaupt wollte. Sie wollte keinen Mann, der sich einfach herumschubsen ließ. Mittlerweile begann sich Tom über ihr forderndes Verhalten zu ärgern. Er haßte sich dafür, daß er ihr dauernd nachgab, doch er wußte nicht, wie er sich ihr gegenüber anders verhalten sollte. Die Beziehung war für beide nicht gut. Sie hatten sich erst vor wenigen Monaten kennengelernt. Doch nun waren sie verheiratet und fühlten sich beide miserabel.

Diese verrückte Liebe entsteht aus Leidenschaft und Verbundenheit. Man könnte sie als »Hollywood-Liebe«

bezeichnen, denn sie erfaßt die Liebenden wie ein Wirbelwind. Ihr fehlt der stabilisierende Faktor der Vertrautheit, der jedoch Zeit braucht, sich zu entwickeln.

Verrückte Liebe ist nach einer gewissen Zeit verwundbar. Wenn die Leidenschaft nachläßt, wie dies unweigerlich fast immer geschieht, bleibt nur die Verbundenheit. Doch diese hatte nicht die Zeit zu wachsen und sich zu vertiefen, daher ist sie oberflächlich.

Manchmal entwickelt sich die Vertrautheit noch. Doch die Erwartungen, die an die Beziehung gestellt werden, können die Entwicklung dieser Vertrautheit behindern. Das Paar erhofft sich von ihrer Ehe den Himmel auf Erden. Ihre Beziehung ruht allein auf Leidenschaft, und so sind die Partner desillusioniert, wenn die Leidenschaft nachläßt. Sie fühlen sich »übers Ohr gehauen« und erhalten weit weniger, als sie sich »errechnet« hatten. Ihr Problem ist es, zu sehr auf Leidenschaft gesetzt zu haben und zu wenig auf Vertrautheit.

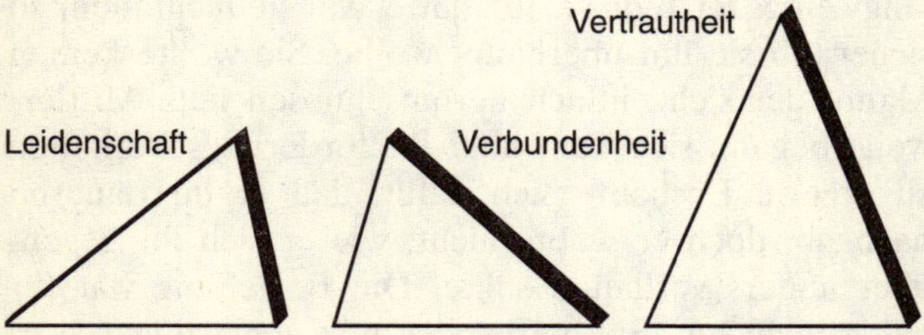

Vertrautheit + Leidenschaft + Verbundenheit = vollkommene Liebe

Jim und Amanda wußten, daß ihnen nicht mehr viel Zeit blieb. Jims Krebsleiden hatte sich ausgebreitet, und die Ärzte hatten ihnen erklärt, daß er höchstens noch ein Jahr zu leben hatte. Dies war eine bittersüße Zeit für das Paar. Sie waren 46 Jahre verheiratet und hatten sich schon auf ihre goldene Hochzeit gefreut. Doch nun sah es so aus, als ob sie dies nicht mehr erleben würden.

Jim und Amanda führten eine Ehe, um die sie manch einer beneidete. Sie hatten sich in jungen Jahren ineinander verliebt und ihre Liebe auch in den schwierigsten Zeiten nicht verloren. Es hatte auch Schicksalsschläge gegeben. Einmal hatte Jim seinen Job verloren, und sie wußten nicht, wie sie finanziell über die Runden kommen sollten. Auch in ihrer Sexualität hatte es von Zeit zu Zeit Schwankungen gegeben, doch sie waren davon überzeugt, daß das in jeder Ehe so sei. Sie behielten ihre Zuversicht und ihren Humor, und ihre Liebe hielt sie auch in den schwierigsten Zeiten zusammen. Sie waren beide nicht religiös, doch manchmal meinten sie, halb im Scherz, daß – wenn es den Himmel gäbe – sie auch dort beisammen sein würden.

Vollkommene Liebe ist die ideale Kombination von Vertrautheit, Leidenschaft und Verbundenheit. Die meisten Menschen wünschen sich diese Art der Beziehung. Es kann äußerst schwierig sein, diese vollkommene Liebe zu erreichen, und noch schwieriger, sie zu erhalten.

Merkmale des Dreiecks

Merkmale	*Vertrautheit*	*Leidenschaft*	*Verbundenheit*
1. Beständigkeit	mittel	gering	mittel
2. Mögliche Einflußnahme	mittel	gering	stark
3. Bewußtes Einschätzen	unterschiedl.	stark	unterschiedl.
4. Bedeutung in kürzeren Beziehg.	mittel	stark	gering
5. Bedeutung in dauerhaften Beziehungen	stark	mittel	stark
6. Gemeinschaftsgefühl in Liebesbeziehungen	stark	gering	mittel
7. Psychophysiologisches Engagement	mittel	stark	gering

In meiner Untersuchung kam ich zu dem Ergebnis, daß die drei Komponenten der Liebe unterschiedliche Merkmale aufweisen: (1) Vertrautheit und Verbundenheit sind beständiger als Leidenschaft, die großen Schwankungen unterliegt. (2) Auf Verbundenheit kann man in größerem Maße Einfluß nehmen, auf die Vertrautheit mittelmäßig, und nur geringen Einfluß hat man auf die körperliche Anziehungskraft oder auch Leidenschaft. (3) Bewußtes Einschätzen von Leidenschaft ist eher möglich als bei Vertrautheit und Verbundenheit, dort ist es unterschiedlich. (4/5) Leidenschaft spielt meist in kürzeren Beziehungen eine große Rolle, während sich Vertrautheit erst mit der Zeit entwickelt und Verbundenheit abhängig ist von der Dauer der Beziehung. (6) Vertrautheit finden wir in den meisten liebevollen Beziehungen, sei es unter Liebenden, Familienmitgliedern oder Freunden, während Leidenschaft nur in Liebesbeziehungen üblich ist. Verbundenheit existiert nur manchmal in anderen Beziehungen. (7) Leidenschaft ist in großem Maße abhängig vom psychophysiologischen Engagement, wohingegen Verbundenheit nur geringes und Vertrautheit mittelmäßiges Engagement verlangt.

Über die zahlreichen Stufen der Liebe

Wer findet nicht Jim und Amandas »vollkommene Liebe« beneidenswert? Wer wünschte sich nicht eine ebenso tiefe und beständige Beziehung zu einem anderen Menschen? Dies ist wohl die größte Erfüllung im Leben. Doch selbst diese vollkommene Liebe darf nicht nur in ihrem Idealzustand betrachtet werden. Menschen sind dynamisch, sie verändern sich fortwährend. Auch in einer erfüllten Beziehung sind Vertrautheit, Leidenschaft und Verbundenheit nicht immer gleich stark ausgeprägt. Beispielsweise durchlebte Amanda, als sie eine Fehlgeburt hatte, eine Phase innerer Trauer, in der sie sich von Jim zurückzog. Sie konnte ihre Gefühle nicht mit ihm teilen. Als Jim seinen Job verlor, war er eine Zeitlang sehr deprimiert und hatte kein Interesse an Sex. Jetzt ist Jim unheilbar an Krebs erkrankt, und nun verspüren beide mehr Nähe und Vertrautheit als jemals zuvor, doch sie lieben sich nur noch selten.

Der Stellenwert der Vertrautheit, der Leidenschaft

und der Verbundenheit ändert sich immer wieder. Oft gehen die Veränderungen mit dem natürlichen Auf und Ab einer Beziehung einher. So war es auch bei Jim und Amanda. Oder aber die Veränderungen sind beständiger. Da wir immer nach idealer Liebe streben, erkennen wir oft nicht den Sinn der natürlichen Veränderungen, die zur Entwicklung jeder Beziehung gehören. Wir geraten in Panik und glauben, daß etwas nicht stimmt. Es gibt ganz bestimmte, typische Entwicklungen in jeder Liebesbeziehung. Vertrautheit wächst zu Beginn einer Beziehung stetig, später dann nur noch langsam. Nach einiger Zeit pendelt es sich auf ein gewisses Niveau ein. Anfangs sind sich die Partner noch fremd, und es gibt eine Menge zu entdecken. Mit jeder neuen Entdeckung wachsen sie enger zusammen. Mit der Zeit wird ihr Verhalten mehr und mehr vorhersehbar, und sie sind sich ihrer Gefühle und ihrer Nähe nicht mehr so bewußt. Dies kann ein Zeichen dafür sein, daß sich beide Partner auseinanderleben. Es kann jedoch auch bedeuten, daß die Beziehung aufblüht und das Paar enger zusammenwächst. Diese beständige Entwicklung läßt sie oft ihre gegenseitige Abhängigkeit kaum noch bewußt wahrnehmen. In einer erfüllten Beziehung entwickelt sich tiefe Vertrautheit immer weiter, während oberflächliche Vertraulichkeiten wegfallen. Auch die Leidenschaft ist meist zu Beginn einer Beziehung am stärksten, zumindest ihre oberflächlichen Gefühle. Ist die Sexualität in einer Beziehung konstant, so läßt mit der Zeit das Drängen nach. Sie kann zu bestimmten Zeiten wiederaufleben, beispielsweise wenn das Paar längere Zeit getrennt gelebt hat. Das fehlende Drängen bedeutet aber nicht, daß auch die Leidenschaft fehlt.

Die Tiefe der Verbundenheit hängt vom Gelingen der Beziehung ab. Normalerweise wächst sie zunächst allmählich und nimmt dann stärker zu. Wenn die Beziehung über einen langen Zeitraum besteht, verschwindet langsam das Verbundenheitsgefühl und wird zu einem beständigen Wert. Wenn die Beziehung Risse zeigt, nimmt der Grad der Verbundenheit ab. Wenn sie dann schließlich scheitert, so endet auch die Verbundenheit oder verändert ihre Form.

Die Geometrie des Liebesdreiecks hängt nicht nur von der Ausgewogenheit der Liebe, sondern auch von deren Ausmaß ab. Wir stellen uns unsere Beziehungen als verschiedene Dreiecke unterschiedlicher Größe vor; je größer das Dreieck, um so stärker die Liebe, die wir für unseren Partner empfinden. Geringere Liebe wird durch ein kleineres Dreieck dargestellt.

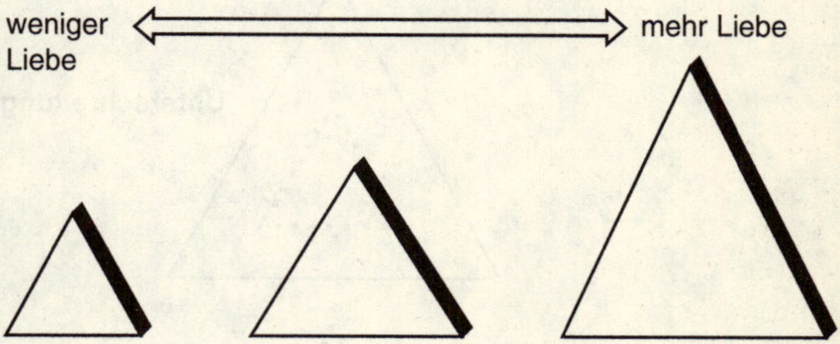

Reale und ideale Liebe

Jeder Mensch in einer Beziehung hat ein reales und ein ideales Dreieck. Wenn sich das reale Dreieck, das die

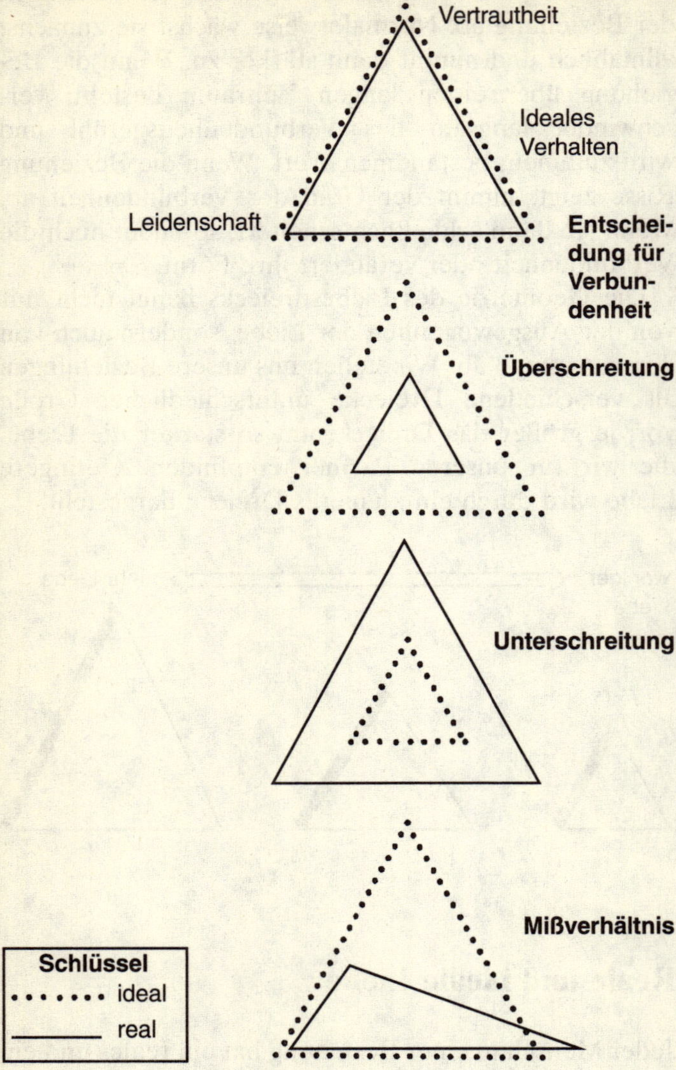
Vertrautheit
Ideales Verhalten
Leidenschaft
Entscheidung für Verbundenheit
Überschreitung
Unterschreitung
Mißverhältnis
Schlüssel
ideal
real

derzeitige Stärke und Ausgewogenheit der Beziehung darstellt, stark von dem idealen Dreieck, der angestrebten Idealvorstellung dieser Beziehung, unterscheidet, wird man unzufrieden. Dennoch gibt es viele Menschen, die ihr Leben lang unbefriedigt bleiben. Ihre Unfähigkeit, langfristige Beziehungen aufzubauen, entschuldigen sie damit, daß sie nun mal so hohe Ansprüche hätten. Tatsächlich sind ihre Ansprüche so unrealistisch, daß kein Mensch sie je erfüllen könnte.

Geoff war 36 Jahre alt und wollte gerne heiraten. Obwohl er in den letzten Jahren schon mit vielen Frauen befreundet gewesen war, hatte er niemals die richtige für sich gefunden. Er erklärte dies mit seinen hohen Ansprüchen, die keine dieser Frauen erfüllen konnte. Er wollte keine dauerhafte Beziehung mit einer Frau eingehen, die er nicht wirklich begehrte.

Geoff fühlte sich allmählich entmutigt, und er fragte sich, ob er wohl jemals die Frau seiner Träume finden würde. Doch er wollte keinen Kompromiß eingehen, denn dann würde er sich immer fragen, ob er nicht doch noch die richtige Frau gefunden hätte, wenn er nur lange genug gewartet hätte.

Es gibt viele Menschen in Geoffs Situation, die nach dem idealen Partner suchen, ihn aber niemals finden. Sie haben Angst, von diesem Ideal Abstand zu nehmen, weil sie annehmen, ein Kompromiß würde sie unglücklich machen. Sie fühlen sich unzufrieden in ihrer Suche nach Liebe, denn das was sie suchen, existiert nicht.

Das reale und das ideale Dreieck müssen sich nicht unbedingt mit denen des Partners decken. Außer dem, was tatsächlich existiert und was man für sich erstrebt, gibt es noch den Aspekt der Wahrnehmung. Man glaubt zu erkennen, daß der Partner sich mehr oder weniger verbunden fühlt, doch diese Wahrnehmung kann von der Einschätzung des Partners völlig verschieden sein. Wenn wir in Beziehungen von »Realität« sprechen, müssen wir immer berücksichtigen, daß Realität nur im Rahmen von verschiedensten Interpretationen zu sehen ist, die von uns oder anderen gemacht werden.

Das Verhaltensdreieck

Das Dreieck der Liebesgleichung ist nicht nur ein theoretisches Modell für Beziehungen, und Vertrautheit, Leidenschaft und Verbundenheit sind nicht einfach nur theoretische Konzepte. Wir drücken sie ständig durch unser Verhalten aus.

Craig hatte Lucy immer wieder versichert, daß sie alles für ihn bedeutete, daß sein Leben ohne sie nichts wert sei. Zunächst war Lucy über diese Beteuerungen ganz glücklich. Sie wünschte sich einen Mann, für den sie das wichtigste im Leben darstellte. Doch mit der Zeit wurden Craigs Beteuerungen immer unglaubwürdiger. Denn obwohl er immer wieder betonte, wie wichtig sie für ihn war, glaubte Lucy zu spüren, daß sein Verhalten nicht seinen Worten entsprach. Er war viel unterwegs, und wenn er einmal in der Stadt war, hatte er dauernd wichtige Dinge zu tun. Sie fragte sich, wie wichtig sie wirklich für ihn war, wenn er doch fast nie zu Hause war. Schließlich erkannte Lucy, daß es zu viele Widersprüche gab zwischen dem, was er sagte, und dem, was er tat. Sie entschloß sich, ihn zu verlassen.

Craig war nicht unehrlich gewesen, als er Lucy versicherte, sie zu lieben. Doch eine der größten Quellen für das Scheitern einer Beziehung ist die Unfähigkeit, Gefühle durch Verhalten auszudrücken. Das Verhaltensdreieck verdeutlicht uns das Ausmaß, in dem die verschiedenen Komponenten ausgedrückt werden. Die Verhaltensweisen, die diese drei Komponenten ausdrücken, sind sehr unterschiedlich. Vertrautheit beispielsweise läßt sich durch Zuhören ausdrücken, wenn der Partner deprimiert ist und man ihm Rat und Unterstützung anbietet oder ihn liebevoll tröstet. Den Partner zu verführen und ihn zu lieben kann unsere Leidenschaft zum Ausdruck bringen. Verbundenheit erfahren wir durch Versprechungen oder auch Geschenke, wie z. B. einen Ring. Wie auch immer die drei Komponenten sich ausdrücken, unser Verhalten hat immer eine direkte Wirkung auf unsere Beziehungen. Gefühle von Vertrautheit, ausgedrückt in vertrautem Verhalten, führen zu noch größerer Vertrautheit. In gleichem Maße werden Gefühle, die nicht in Verhaltensweisen ausgedrückt werden, diese Gefühle möglicherweise zerstören.

Sie haben jetzt das Dreieck der Liebesgleichung und zugleich einen der wichtigsten Grundsätze über Beziehungen kennengelernt: sie sind dynamisch. Die Vorstellung »für immer glücklich« zu sein, muß kein Mythos sein. Doch wenn sie Realität ist, muß man berücksichtigen, daß eine Beziehung ständigen Veränderungen ausgesetzt ist. Stellen Sie sich ihre Beziehung als ansteigende Schnellstraße vor, die von Zeit zu Zeit überholt und erneuert werden muß. Sie ist niemals »perfekt« und niemals »fertig«. In den nächsten Abschnitten werden Sie lernen, wie man die Dynamik der

Liebesgleichung nutzen kann, um eine Beziehung zu stärken und sie lebendig zu erhalten, sie aufzubauen und im Laufe Ihres Lebens zu erneuern.

Die Dreieck-Liebesskala nach Sternberg

Die nun folgende Skala habe ich schon oft verwendet, um Liebe zu messen und die Gültigkeit der Dreieckstheorie zu überprüfen. Sie hat sich als relativ guter Anhaltspunkt erwiesen, um die Verteilung der drei Komponenten einer Beziehung darzustellen. Sie können sie verwenden, um das Gleichgewicht in Ihrer Beziehung zu beurteilen.

Hinweise: Stellen Sie sich Ihren Partner vor. Ordnen Sie jedem Statement eine Zahl von 1 bis 9 zu, wobei 1 = »überhaupt nicht«, 5 = »mittel« und 9 = »sehr« entspricht. Verwenden Sie unterschiedliche Punktzahlen, um den jeweiligen Grad ihrer Gefühle zu verdeutlichen.

1. Ich trage aktiv zum Wohlergehen meines Partners bei. _______
2. Die Beziehung zu meinem Partner ist liebevoll. _______
3. Schon der Anblick meines Partners erregt mich. _______
4. Ich kümmere mich um meinen Partner. _______
5. Meist denke ich mehrmals am Tag an meinen Partner. _______
6. In schwierigen Zeiten kann ich mich auf meinen Partner verlassen. _______

7. Ich habe mich dazu entschlossen, die Beziehung zu meinem Partner aufrechtzuerhalten. ______
8. Ich vertraue auf die Beständigkeit der Beziehung zu meinem Partner. ______
9. Unsere Beziehung ist sehr romantisch. ______
10. Mein Partner kann sich in schwierigen Zeiten auf mich verlassen. ______
11. Ich finde meinen Partner körperlich sehr attraktiv. ______
12. Da ich mich meinem Partner sehr verbunden fühle, würde ich verhindern, daß sich ein anderer zwischen uns stellt. ______
13. Ich denke, daß die Liebe zu meinem Partner ein Leben lang halten wird. ______
14. Ich idealisiere meinen Partner. ______
15. Ich möchte alles, auch meinen Besitz, mit meinem Partner teilen. ______
16. Ich kann mir niemanden vorstellen, der mich so glücklich machen könnte. ______
17. Ich bin mit niemand anderem so gerne zusammen wie mit meinem Partner. ______
18. Ich vermeide alles, was die Verbundenheit zu meinem Partner zerstören könnte. ______
19. Mein Partner unterstützt mich emotional sehr. ______
20. Ich werde mich immer für meinen Partner verantwortlich fühlen. ______
21. Ich unterstütze meinen Partner emotional sehr. ______
22. Es gibt für mich nichts wichtigeres als die Beziehung zu meinem Partner. ______
23. Mir ist der körperliche Kontakt zu meinem Partner besonders wichtig. ______

24. Ich kann mich gut mit meinem Partner unterhalten. ______
25. Mein Partner bedeutet mir sehr viel. ______
26. Ich fühle mich meinem Partner sehr nahe. ______
27. Ich schätze die Verbundenheit zu meinem Partner als beständig ein. ______
28. Ich kann mir nicht vorstellen, daß die Beziehung zu meinem Partner scheitern könnte. ______
29. Unsere Beziehung umgibt so etwas wie Zauber. ______
30. Unsere Beziehung ist harmonisch. ______
31. Ich liebe meinen Partner sehr. ______
32. Ich bin mir der Liebe zu meinem Partner sehr sicher. ______
33. Ich betrachte die Beziehung zu meinem Partner als beständig. ______
34. Ich kann mir mein Leben ohne meinen Partner nicht vorstellen. ______
35. Meine Entscheidung für die Beziehung zu meinem Partner war richtig. ______
36. Ich glaube, daß ich meinen Partner wirklich verstehe. ______
37. Die Beziehung zu meinem Partner ist leidenschaftlich. ______
38. Ich glaube, daß mein Partner mich wirklich versteht. ______
39. Ich fühle mich meinem Partner gegenüber verantwortlich. ______
40. Ich glaube, daß ich meinem Partner wirklich vertrauen kann. ______
41. Wenn ich romantische Filme sehe oder romantische Bücher lese, denke ich dabei an meinen Partner. ______

42. Mein Partner weiß sehr persönliche Dinge über mich. ______
43. Ich möchte die Beziehung zu meinem Partner fortsetzen. ______
44. Auch wenn ich größere Schwierigkeiten mit meinem Partner habe, fühle ich mich weiter mit ihm verbunden. ______
45. Ich träume oft von meinem Partner. ______

Auswertung:
(1) Notieren Sie die Punktzahl jeder Antwort.

1. __ Vertrautheit
2. __ Vertrautheit
3. __ Leidenschaft
4. __ Verbundenheit
5. __ Leidenschaft
6. __ Vertrautheit
7. __ Verbundenheit
8. __ Verbundenheit
9. __ Leidenschaft
10. __ Vertrautheit
16. __ Leidenschaft
17. __ Leidenschaft
18. __ Verbundenheit
19. __ Vertrautheit
20. __ Verbundenheit
21. __ Vertrautheit
22. __ Leidenschaft
23. __ Leidenschaft
24. __ Vertrautheit
25. __ Vertrautheit
31. __ Leidenschaft
32. __ Verbundenheit
33. __ Verbundenheit
34. __ Leidenschaft
35. __ Verbundenheit
36. __ Vertrautheit
37. __ Leidenschaft
38. __ Vertrautheit
39. __ Verbundenheit
40. __ Vertrautheit

11. __ Leidenschaft
12. __ Verbundenheit
13. __ Verbundenheit
14. __ Leidenschaft
15. __ Vertrautheit
26. __ Vertrautheit
27. __ Verbundenheit
28. __ Verbundenheit
29. __ Leidenschaft
30. __ Vertrautheit
41. __ Leidenschaft
42. __ Vertrautheit
43. __ Verbundenheit
44. __ Verbundenheit
45. __ Leidenschaft

(2) Addieren Sie die Zahlen der Kategorie *Vertrautheit*: ___

(3) Addieren Sie die Zahlen der Kategorie *Leidenschaft*: ___

(4) Addieren Sie die Zahlen der Kategorie *Verbundenheit*: ___

(5) Teilen Sie jede der drei Zahlen durch 15. Sie erhalten nun den jeweiligen Durchschnitt der drei Komponenten.

Nach meiner Erfahrung kann man sich anhand der Skala sein persönliches Dreieck der Liebesgleichung genauer vorstellen und damit den Zustand der Beziehung besser verstehen. Das ist der erste Schritt zur Beziehungsintelligenz. Es wird noch wirkungsvoller, wenn beide Partner ihre Auswertung miteinander vergleichen:

1. Wie schätzen Sie Ihre Beziehung ein (z. B. ausgeglichen; leidenschaftlich, doch ohne Verbundenheit etc.)?
2. Hat Sie die Auswertung überrascht?

3. Wie schätzt Ihr Partner die Beziehung ein?
4. Waren Sie von seiner/ihrer Auswertung überrascht?
5. Worin unterscheiden sich die Auswertungen?
6. Inwieweit unterscheidet sich jede Antwort von Ihrer Idealvorstellung einer Partnerschaft?

Kapitel 5

Beziehungsintelligenz: Lektion 2

Wagen Sie eine Veränderung!

Beziehungsintelligenz verlangt im Grunde die Bereitschaft, Verantwortung zu übernehmen, wenn man Zuneigung erwartet. Dies ist ein einfaches Konzept, daß wir auch ohne Schwierigkeit in jedem Bereich unseres Lebens zu akzeptieren bereit sind. Tausende von Amerikanern, die jedes Jahr nach Las Vegas oder Atlantic City strömen, wissen genau, daß sie nur dann gewinnen können, wenn sie auch etwas einsetzen. Die Börse funktioniert nach dem gleichen Prinzip, ebenso die meisten anderen Geschäfte. Mein Verleger investierte in mich, indem er dieses Buch verlegte. Der Verlag bezahlte mir einen gewissen Vorschuß und erwartete gleichzeitig von mir (ohne dies sicher zu wissen), daß ich ein Manuskript erarbeiten würde, welches diesem Verlag seine Investitionen zurück- und darüber hinaus einen Gewinn erbringen würde.

Obwohl uns die Vorstellung geläufig ist, fällt es uns doch sehr schwer, dieses Konzept der Verantwortlichkeit auf zwischenmenschliche Beziehungen zu übertragen. Die abstrakte Vorstellung allein genügt nicht. Man kann nicht nur *wollen*, daß Dinge funktionieren, auch *hoffen* reicht nicht aus. Nicht einmal der *Wille* wird die Dinge ins Rollen bringen.

Verantwortung bedeutet Handeln; man muß investieren, wo es sich lohnt. Und es ist eine Art Investition und weist daher viele Merkmale aus der Finanzwelt auf.

Die größte Investition, die man in seinem Leben vornimmt, ist die in den eigenen Partner. Aufgrund dieser Tatsache ist es äußerst verwunderlich, daß so viele Menschen erwarten, daß ihre Beziehung ihnen wie von selbst das Glück beschert. Sie verstehen einfach nicht, daß man etwas in eine Beziehung einbringen muß, um selber etwas von ihr zurückzubekommen. Einen Erfolg zu erwarten, ohne etwas in die Beziehung investiert zu haben, ist analog zu der Erwartung, an der Börse einen Gewinn zu erhalten, ohne Geld investiert zu haben.

Jede Investition birgt Risiken. Eine erfüllte Beziehung ist vergleichbar mit einem großen Gewinn (oder auch »dem Erhalt des Einsatzes«), doch man riskiert ebenso Verluste. Wenn man im Leben eine Veränderung oder Entwicklung anstrebt, bleibt man im Ungewissen. Man weiß nie, ob die Bemühungen die Beziehung bereichern werden oder nicht. Man kann nie mit Sicherheit die Reaktion des Partners vorhersagen, wenn man Veränderungen vornimmt. Doch das ist ganz normal, denn Risiken gehören zur Dynamik des Lebens.

Viele Menschen verfolgen das Auf und Ab an der Börse oder auch andere finanzielle Anzeichen genauer als das Auf und Ab ihrer Liebesbeziehung. Sie beobachten wahrscheinlich eher den täglichen Börsenstand als den Zustand ihrer Beziehung. Sie kennen den Tagespreis von Gold genau, erkennen jedoch nicht, wenn ihre Beziehung an Wert verliert.

Bevor wir uns den einzelnen Möglichkeiten zuwenden, die uns helfen, unsere Probleme zu lösen und uns in unserer Beziehung weiterzuentwickeln, wollen wir diese besonders wichtige Form der Investition genauer untersuchen. Das Konzept der Investition in eine Beziehung ist ganz leicht zu verstehen, wenn man auf allgemein bekannte Analogien zurückgreift, nämlich die der Finanzwelt. Dieselben Prinzipien, die wir anwenden, wenn wir Geld anlegen, können uns als Leitfaden dienen, wenn wir lernen wollen, wie man sich in einer Beziehung einbringen kann. Die Einsicht in diese Prinzipien kann uns helfen, die Merkmale einer sinnvollen Investition in die Liebe zu verstehen und uns darüber hinaus vor den wichtigsten Fehlern bewahren.

Riskieren Sie etwas!

Es ist nicht überraschend, daß das wichtigste Prinzip für den Erfolg einer Investition das Akzeptieren von Risiken ist. Ein Risiko läßt sich nicht mit dem Glücksspiel vergleichen. Ein Glücksspiel bleibt dem Zufall überlassen; man erhofft sich zwar einen Gewinn, doch man kann den Ablauf der Dinge nicht beeinflussen, die normalerweise zum Gewinn verhelfen. Das Risiko, von dem wir sprechen, ist vernünftig – man hat allen Grund zu erwarten, daß es sich auszahlt, doch man hat keine hundertprozentige Garantie.

Peggy und Kurt sind seit zwei Jahren befreundet. Sie haben einen Punkt erreicht, an dem sie entscheiden müssen, wie es mit ihrer Beziehung weitergehen soll. Sie haben ernsthaft über Ehe gesprochen, über ihre Bedenken und Hoffnungen; dann haben sie beschlossen, innerhalb von sechs Monaten zu einem Ergebnis zu kommen. So weit, so gut. Doch als die Zeit der Entscheidung gekommen ist, schwankt Peggy immer noch in ihrer Meinung. Selbst nach der langen Zeit, die sie zusammen sind, weiß Peggy noch nicht genau, ob sie Kurt wirklich liebt. Sie glaubt zwar, daß es so ist, doch sie ist nicht davon überzeugt, daß ihre Gefühle tief genug ist, um eine beständige Ehe führen zu können.

Peggy muß die Risiken abwägen, wenn sie eine Entscheidung in ihrer Beziehung zu Kurt trifft. Sie ist 35 Jahre alt und macht sich allmählich Gedanken darüber, den Zeitpunkt verpassen zu können, an dem sie noch Kinder haben könnte. Kinder spielen eine wichtige Rolle bei ihren Überlegungen, und sie weiß, daß Kurt ein guter Vater sein würde. Außerdem stellt sie sich die Frage, ob ihre Vorstellung von romantischer Liebe vielleicht zu unrealistisch ist. Vielleicht träumt sie von einer Beziehung, die es in Wirklichkeit gar nicht geben kann und versucht, ihre Beziehung zu Kurt an diesem Traum zu messen? Dies sind einige der Fragen, die sich Peggy stellt. Sie weiß, daß sie in jedem Fall etwas riskiert. Wenn sie Kurt heiratet, könnte sie vielleicht unzufrieden werden. Wenn sie ihn nicht heiratet, findet sie vielleicht niemals einen Mann, der ihr das gibt, was sie sich wünscht – oder sie erkennt erst, wenn es zu spät ist, daß sie Kurt eigentlich doch wollte. Keine Entscheidung wird ihr eine Garantie geben.

Man kann in einer Beziehung kein Risiko ausschließen. Es ist unmöglich, sicher vorauszusehen, ob man aus einer Investition, die man in eine Beziehung einbringt, das zurückerhält, was man sich erhofft. Finanziellen Investitionen vergleichbar, sind einige Beziehungen risikoreicher als andere. Selbst wenn man glaubt, einen sicheren Weg eingeschlagen zu haben, sollte man niemals vergessen, daß es keine vollkommen sichere Liebe gibt.

Die Risiken einer Beziehung sind unterschiedlicher Art – finanzieller oder gesundheitlicher Art, die Rolle als Eltern betreffend und so weiter. Jedes dieser allgemeinen Risiken führt uns zu speziellen Risiken, wie etwa: »Was wird aus der Liebe und ihren Merkmalen: aus Vertrautheit, Leidenschaft und Verbundenheit?« Es ist unrealistisch zu glauben, daß eine Beziehung ohne jedes Risiko bestehen kann.

Menschen, die finanzielle Investitionen vornehmen, wissen, daß sie einerseits nur dann einen wesentlichen Gewinn durch ihre Investition erzielen können, wenn sie auch bereit sind, ein gewisses Risiko auf sich zu nehmen. Andererseits wissen sie genau, daß gewisse Risiken töricht sind und sie alles verlieren könnten. Wenn man Beziehungsintelligenz nutzt, entscheidet man, welche Risiken akzeptabel sind. Das heißt, man wägt das Für und Wider einer Investition ab und entscheidet, inwieweit man bereit ist, sich für die Beziehung einzusetzen.

Schöpfen Sie Ihre Quellen aus!

Anna ist völlig fasziniert von Ron, und oft stellt sie sich vor, wie es wohl sei, mit ihm verheiratet zu sein. Anna findet Ron sehr aufregend, und sie passen im Bett gut zueinander. Doch sie hat Bedenken, weil sie keine gemeinsamen Interessen oder Werte verbinden. Ron geht gerne aus, treibt Sport und interessiert sich für andere körperlichen Aktivitäten. Anna geht in ihrer

Freizeit lieber ins Kino, Theater oder Museum. Ron bedeutet finanzieller Erfolg sehr viel, für Anna ist die persönliche Erfüllung wichtiger. Ron scheint nicht viel Interesse an Kindern zu haben, obwohl er Anna versichert, daß er welche haben möchte. Anna liebt Kinder, und sie macht sich Gedanken um Rons fehlenden Enthusiasmus.

Ein grundlegendes Prinzip der Investition ist die Streuung. Wenn man all sein Geld in eine einzige Investition steckt, riskiert man, alles zu verlieren. Das gleiche gilt für die Beziehung. Wenn Ron und Anna sich entschließen zu heiraten, riskieren sie, sollte ihre Sexualität nachlassen, daß ihre Verbundenheit nicht stark genug sein wird, die fehlende Vertrautheit in den vielen anderen Bereichen ihrer Beziehung zu ersetzen.

Für Anna ist klar, daß sie in ihrer Ehe mit Ron keine großen Gemeinsamkeiten haben würde, wie sie es sich eigentlich vorstellte. Ihr Liebesleben und ihre Sexualität entsprechen ihrer Idealvorstellung, doch auf anderen Gebieten passen sie überhaupt nicht zusammen. Es gibt zu viele Unterschiede in ihren Wertvorstellungen, Interessen und in der Auffassung ihrer ehelichen Rollen. Um diese Beziehung harmonisch zu gestalten, müßte einer von ihnen oder auch beide seine bzw. ihre Wertvorstellungen, Interessen und Rollenerwartungen ändern, um die Investition abwechslungsreich zu gestalten.

Jeder muß für sich entscheiden, wieviel Gemeinsamkeiten er in einer Beziehung braucht. Einige Menschen finden Vielfalt, indem sie den Kreis ihrer engeren Beziehungen erweitern. Sie haben unterschiedliche Erwartungen an die einzelnen Menschen. Diese Art von

Streuung, alle Möglichkeiten auszuschöpfen, kann in manch einer romantischen Beziehung funktionieren, doch man riskiert, um der Vielfalt willen nur oberflächliche und unbefriedigende Beziehungen zu erleben.

Betrachten Sie die Vergangenheit, um die Zukunft vorauszusehen!

Wenn wir uns vorzustellen versuchen, inwieweit unsere Investitionen Früchte tragen wird, sollten wir das Ergebnis ähnlicher Investitionen aus der Vergangenheit betrachten. Man bezeichnet dies als »technische Analyse«.

Um eine gewisse Vorhersage für zukünftiges Verhalten in einer Beziehung zu erhalten, kann es von Vorteil sein, ähnliches Verhalten aus der Vergangenheit auszuwerten. Diese Auswertung kann natürlich nicht hundertprozentig zutreffen; Personen und Umstände ändern sich, früheres Verhalten muß uns nicht unbedingt zu der erhofften, sicheren Auswertung führen. Dennoch ändern sich langjährige Verhaltensmuster selten über Nacht und können uns daher als verläßliche Anzeichen für zukünftiges Verhalten dienen.

Karen hofft immer noch, daß sich Harrys Verhalten in Zukunft ändern wird. Aus ihr unverständlichen Gründen trifft sich Harry seit einiger Zeit mit anderen Frauen, obwohl ihre Beziehung gerade jetzt anscheinend harmonisch verläuft. Sie hätte sich sein Ausbrechen zu einer Zeit, in der sie sich weit weniger gut verstanden, eher erklären können. Doch sie begreift nicht, daß er fremdgeht, obwohl ihre Beziehung gut funktioniert. Nachdem sie vier Jahre mit Harry zusammengelebt hatte, wurde Karen allmählich sein Verhalten bewußt und sie zögerte, ihn zu heiraten. Jedesmal wenn sie über Heirat sprachen, hatte Harrys »Herumstreunen« sie letztlich davon abgehalten. Er schien mit der Situation, so wie sie war, zufrieden zu sein.

Nach einigen Gesprächen mit einem Eheberater beginnt Karen zu verstehen, daß Harry seine Affären unbewußt einsetzt, um eine Distanz zwischen ihnen zu schaffen, da er sich vor allzuviel Nähe fürchtet. Er hat mit der Zeit ein Verhaltensmuster entwickelt, das er wahrscheinlich auch nicht ändern wird. Karen erwägt, ihm ein Ultimatum zu setzen, doch sie erkennt bald, daß das nichts bringen wird. Vielleicht würde sich sein Verhalten – wenigstens für eine Weile – ändern, doch dessen Gründe würde sie damit nicht beseitigen können. Die »technische Analyse« macht ihr klar, daß eine Ehe mit Harry ein zu großes Risiko wäre.

Oftmals glauben wir, daß sich Menschen in einer Beziehung ändern werden. Wir glauben sogar, daß wir sie dazu bringen können, sich zu ändern. Und obwohl Partner Veränderungen bewirken und unterstützen können, müssen sie doch letztlich von innen heraus kommen. Wir überschätzen unsere Fähigkeit, andere Menschen ändern zu können. Wenn man sich zu einer festen Bindung entschließt, sollte man den Partner so lieben und akzeptieren, wie er zu diesem Zeitpunkt ist, und nicht, wie man hofft, daß er zu einem späteren Zeitpunkt sein könnte. Wenn man mit einem Menschen, so wie er ist, nicht zusammenleben kann, sollte man davon ausgehen, daß er oder sie auch in Zukunft so sein wird wie bisher. Denn selbst wenn Veränderungen auftreten, ist es möglich, daß es doch nicht die erhofften Veränderungen sind.

Respektieren Sie andere Grundeinstellungen!

Sam ist nicht besonders ehrgeizig. Es gibt viele Dinge im Leben, die ihm wichtiger sind als seine Karriere. Es macht ihm nichts aus, wenn er weniger Geld verdient, aber dafür seinen Lebensstil beibehalten kann. Für seine Frau Trish hingegen sind andere Werte von Bedeutung. Obwohl sie ihn nicht in seiner Karriere bedrängt, weiß Sam doch genau, daß der Lebensstandard, den sie schätzt, nur mit finanziellem Erfolg ermöglicht werden kann. Wenn sie einmal Kinder haben sollten, wird Trish für ein paar Jahre zu Hause sein, und so wird die ganze Verantwortung des Geldverdienens allein auf Sams Schultern lasten.

So entschließt er sich, mehr Energie in seine Arbeit zu stecken und ehrgeiziger zu werden, um Trish zu gefallen und der Familie einen höheren Lebensstandard zu ermöglichen. Aber nach weniger als einem Jahr gerät sein Entschluß ins Schwanken. Er spürt, daß er gegen seine ureigenen Instinkte handelt, und er fühlt sich miserabel. Obwohl Trish ihn niemals direkt darauf angesprochen hat, weiß er doch, daß sie nicht mit ihrem Lebensstil zufrieden ist.

In einer Grundanalyse kann man das Ergebnis einer Investition auf der Basis von wichtigen, für die spätere Erfüllung notwendigen Informationen zu dieser Investition vorhersagen. Manchmal weicht die Grundlagenanalyse von den Auswertungsergebnissen früherer Gegebenheiten ab: Obgleich Trish ihn niemals bedrängte, finanziell erfolgreicher zu werden, muß Sam aufgrund ihrer angestrebten Werte und Vorlieben annehmen, daß sie in der Zukunft nicht glücklich werden kann. Keine Vorhersage für die Zukunft ist perfekt. Man kann lediglich die verfügbare Information zur Analyse nutzen. Die grundlegenden Wertvorstellungen des Partners auszuwerten, ist eine Möglichkeit, sich sein oder ihr Verhalten zu erklären.

Geben Sie Ihren Einsatz!

Je mehr man einsetzt, um so mehr riskiert man. Dies gilt für jede Investition. Menschen, die einmal enttäuscht wurden, scheuen meist vor einem größeren Einsatz über die sichere Beziehung hinaus zurück. So ging es auch Beverly. Sie hatte genug davon, sich in einer Beziehung zu engagieren, die doch bald endete und sie mit ihren verletzten Gefühlen zurückließ. Doch Ev, mit dem sie sich seit ein paar Monaten trifft, ist bereit, eine ernste Bindung einzugehen und mehr in diese Beziehung zu investieren als Beverly.

Ev hat nun zwei Möglichkeiten. Zum einen kann er abwarten, in der Hoffnung, daß Beverly mit der Zeit über ihre Enttäuschung hinwegkommt und dann selbst bereit ist, sich mehr für ihre Beziehung zu engagieren, zum anderen kann er sein eigenes Engagement drosseln – oder ganz aufgeben.

Jede Investition kann zweierlei Art Gewinn und zweierlei Art Verlust mit sich bringen: den tatsächlichen materiellen Gewinn oder Verlust und den psychologischen Gewinn oder Verlust. Wenn sich Ev dazu entschließt, die Beziehung zu beenden, wird er sowohl den materiellen Verlust erfahren, nämlich Beverly nicht länger um sich zu haben, aber auch den psychologischen Verlust, das heißt, seine Hoffnungen nicht erfüllt zu sehen. Doch Ev könnte auch ermutigt werden durch die Erkenntnis, daß man aus jeder Beziehung etwas lernt, gleichgültig ob sie beständig war oder nicht. So gesehen gibt es in einer Beziehung keinen totalen Verlust.

Schätzen Sie die Entwicklungsmöglichkeiten Ihrer Beziehungen ein!

Als Celia Wendell kennenlernte, hatte sie das Gefühl, daß sich ihre Beziehung zu einer ernsten Bindung entwickeln könnte. Doch drei Jahre später zweifelte sie an diesem intuitiven Gefühl von damals. Wenngleich sie sich doch näher gekommen sind, so doch nicht derart, wie Celia es sich vorgestellt hatte. Nun fragt sie sich, ob ihre Beziehung überhaupt noch entwicklungsfähig ist, oder ob sie zum Stillstand gekommen ist. Einerseits zögert sie, die Beziehung einfach zu beenden – vielleicht braucht sie einfach mehr Zeit. Andererseits sieht sie keinen Grund anzunehmen, daß sich noch etwas ändern wird, da ihre Beziehung seit mehr als einem Jahr unverändert stagniert.

Von den meisten Beziehungen, die wir eingehen, erwarten wir eine gewisse Entwicklung. Zu Anfang können wir dies nicht abschätzen, sind uns aber darüber hinaus bewußt, daß Beziehungen mit der Zeit manchmal eher an Wert verlieren als zunehmen. Die Beziehung kann sich verschlechtern, und so ist es mit jeder Investition. Auch scheinbar sichere Investitionen stellen sich manchmal ganz anders dar. Wenn wir uns beispielsweise mehr zufällig in einer Beziehung engagiert haben und dann auf einmal feststellen, daß wir schon sehr viel enger gebunden sind, als wir erwartet hatten. Oder wir gehen davon aus, daß eine Beziehung zu einer ernsten Bindung führt und erkennen dann, so wie Celia, daß die Beziehung zum Stillstand gekommen ist. Es sollte uns bewußt sein, daß es in jeder Beziehung ein Potential für Entwicklung und auch für Verlust gibt, und daß man nicht immer von Anfang an erkennen kann, wie es sich entwickeln wird.

Finden Sie das Positive!

Wir erwarten mehr als Entwicklung in unseren Beziehungen; wir hoffen auf Gewinn. Ähnlich einer Investition an der Börse gibt es Zuwachs mit geringem Gewinnanteil oder ohne einen solchen, es gibt aber auch einen Gewinnanteil mit geringem Zuwachs oder gar keinem. Ideal wäre eine Beziehung, in der es sowohl eine Entwicklung als auch einen Gewinn gibt.

Erica lebt mit einem Kompromiß. Als sie John kennenlernte, war sie sehr von ihm angetan. Sie glaubte, daß sie füreinander bestimmt seien. Doch nun, nach 15 Jahren Ehe, lacht sie, wenn sie an ihre Gefühle von damals denkt. Die starken Gefühle, die ihr zu Beginn so wichtig erschienen, sind allesamt verblichen. Erica hat sich dennoch entschlossen, damit zu leben; die Vorzüge sind es wert. In vielerlei Hinsicht führt Erica genau das Leben, daß sie sich wünschte: sie lebt in einem schönen Haus, hat zwei nette Kinder, Zeit und Geld genug, um zu reisen, und genügend Freizeit, ihren eigenen Interessen nachzugehen. Es gab jedoch eine Zeit, zu Beginn ihrer Ehe, in der sie sich fragte, ob sie wohl ohne eine wirkliche Nähe glücklich werden würde. Später lernte sie, ihre Erwartungen zu reduzieren und sich lieber an den vielen Dingen im Leben zu erfreuen, die sie besaß, als dem nachzutrauern, was sie nicht besitzen konnte.

In Ericas Ehe gab es viel Positives, doch keine echte Entwicklung. Es gibt sicher Menschen, die für Ericas Entscheidung keinerlei Verständnis hätten. Doch Erica ist sich ihrer Entscheidung vollkommen bewußt, und sie möchte diese Vorzüge auch nicht zugunsten einer möglichen Entwicklung ihrer Beziehung aufgeben.

Ist es nicht zynisch, Leben und Liebe so nüchtern zu betrachten, als ob sie einer Abfolge von Gewinnen und Verlusten glichen? Tatsächlich hat doch jeder Mensch für sich eine Vorstellung, was er von Leben und Beziehung erwartet. Bestimmte Aspekte einer Beziehung können wichtiger sein als andere. Für manche Menschen ist Sex beispielsweise der Grundpfeiler ihrer Vertrautheit; für andere spielt Sex eine unbedeutende Rolle. So ist das Leben nun einmal.

Sollte Erica Bedenken haben, weil sich in ihrer Ehe keine Entwicklung abzeichnet? Vielleicht. Entscheidend ist jedoch, was ihr im Leben wichtig ist. In Ericas Fall würde die Entscheidung für die Entwicklung die Vorteile, die sie aus ihrer Ehe zieht, aufs Spiel setzen.

Halten Sie doch die Spielregeln ein!

Bevor Lynn und Robert sich binden wollen, warten sie zunächst einmal ab, was aus ihren Plänen nach Abschluß des Studiums wird. Sie arbeiten beide an ihrer Doktorarbeit – Lynn in Biochemie und Robert in Genetik. Sie wollen diese einmalige Gelegenheit nutzen und sich dann zu einer Bindung entschließen, wenn sie ganz sicher sind, daß sie zusammenbleiben können, auch in geographischer Nähe.

Robert ist sehr zufrieden mit diesem Plan. Nicht so Lynn; sie weiß nicht so recht, ob ihr die Beziehung oder die Karriere wichtiger ist. Sie fragt sich, ob nicht zumindest einem von ihnen die Beziehung wichtiger sein müßte. Andererseits: Waren sie nicht wirklich nur zwei einzelne, ungebundene Personen, die nur so lange ihre Beziehung aufrechterhalten würden, wie es gerade paßt? Obwohl Robert und Lynn die Möglichkeit haben, eine Stelle in benachbarten Ortschaften anzunehmen, könnte ihre Beziehung scheitern. Nach ihrem Umzug war Lynn nie mehr ganz davon überzeugt, daß ihre Beziehung stark genug sei, auch in Zukunft schwierige Zeiten zu überstehen.

Bei finanziellen Investitionen kann man seine Option zurückziehen, wenn man nicht darauf vorbereitet ist, bestimmte Wertpapiere zum Tagespreis zu erwerben, sie jedoch zu einem interessanten Preis erwerben möchte. Außerdem kann man auch eine Option verkaufen. In persönlichen Beziehungen nehmen wir manchmal auch eine »Option« zurück, wenn wir uns nicht festlegen wollen und vielleicht andere Umstände interessanter werden.

Im Fall von Robert und Lynn waren es die Umstände, Karriere und Wohnort. Beide wollten die Beziehung erhalten, doch nur unter der Bedingung, daß alle Umstände sich ineinander fügten. Ironischerweise gab Lynn die Beziehung auf, als die Umstände schließlich stimmten. Sie wußte, daß es ein schlechtes Vorzeichen gewesen war, daß ihre Option an erster Stelle gestanden hatte. Viele Menschen empfinden so. Ein Mann kann sich beispielsweise dazu entschließen, eine

Frau nicht zu heiraten, die solange zögert, eine Bindung einzugehen, bis sie sein Einkommen und seinen beruflichen Status kennt.

Wer in einer Beziehung eine Option zurücknimmt, versucht, das Risiko zu mindern, indem er, bevor er sich bindet, abwartet, ob die Investition günstig ist.

Diese Idee ist nicht unbedingt schlecht. In gewisser Hinsicht ist dieses Sich-Zeit-Nehmen, einander kennenzulernen, bevor man sich bindet, vergleichbar mit dem Zurückziehen einer Option. Doch wenn andere Dinge wichtiger werden als die eigentliche Beziehung, beispielsweise Geld, Wohnung oder Karriere, so sollte man sich fragen, welchen Wert diese Bindung überhaupt hat. Zu einem gewissen Grad sollte die Liebe zweier Menschen wichtiger als andere Überlegungen sein. Ich kannte eine Frau, die kurz vor ihrer Hochzeit einen Knoten in ihrer Brust entdeckte. Im Krankenhaus fragte sie ihren Verlobten, ob sie nicht lieber abwarten sollten, wie das Ergebnis ihrer Operation ausfallen würde, bevor sie sich zu einer Hochzeit entschlössen. Er wies dies jedoch zurück und erklärte ihr, daß ihre Liebe stark genug sei, jede andere Überlegung auszuschließen.

Schützen Sie Ihre Investition!

Wenn jemand in Gold, seltene Münzen oder Briefmarken investiert, wird er sicherlich sehr sorgsam mit diesen Werten umgehen und sie sicher verwahren. Doch mit Beziehungen gehen Menschen oft nicht so sorgsam um. Sie gehen davon aus, daß die Liebe ihre Beziehung schon irgendwie zusammenhalten wird.

Manchmal sind sie so auf den Akt der Hochzeit fixiert, daß sie den Blick für all die anderen Dinge vergessen, die auch nach der Hochzeit für eine Ehe wichtig sind.

Carl wollte Belinda unbedingt heiraten, doch nun kümmert er sich nur wenig darum, seine Investition zu erhalten. Carl ist beruflich sehr engagiert, und er nimmt es Belinda übel, wenn sie ihn bittet, doch mehr Zeit mit ihr zu verbringen oder seine Gefühle mit ihr zu teilen. Er findet, daß sie an ihm herumnörgelt. Irgendwann sagte er einmal frustriert: »Was willst Du eigentlich? Ich habe Dich doch geheiratet?« Er glaubt, daß dieser einmalige Akt der Bindung beweist, daß er Belinda liebt. Er begreift nicht, daß man eine Beziehung schützen und pflegen muß. Er verhält sich wie jemand, der eine Pflanze gekauft hat und sie dann nicht gießt.

Wenn man eine Beziehung zu wenig pflegt, wird der Wert, den sie im Leben einnimmt, wahrscheinlich sinken. Wenig- oder ungeschützt wird die Beziehung an Wert verlieren, genau wie jede andere Investition. Andererseits wird sie bei guter Pflege und Unterstützung an Wert zunehmen.

Ein anderer wichtiger Grund, die Investition zu schützen, ist die Unsicherheit, die von Investitionsanalytikern mit Zufall erklärt wird. Clevere Börsenkenner glauben, daß an der Börse vieles zufällig geschieht und nicht vorhersehbar ist. In Beziehungen gibt es eine gewisse Vorhersehbarkeit, doch sie ist weitaus geringer, als wir annehmen. Die Tatsache, daß die Scheidungsrate schon fast 50 % erreicht hat, macht uns den Grad der Vorhersehbarkeit in Beziehungen deutlich. Wahrscheinlich fehlt uns die Kristallkugel, um die

Zukunft vorauszusehen, doch wir können mit dem richtigen Maß an Fürsorge auf Nummer Sicher gehen.

Sind Sie bereit, etwas zu riskieren?

Der richtige Zeitpunkt spielt bei jeder Investition eine wichtige Rolle. Dies gilt auch für die Liebe. Jede Investition braucht ihre Gelegenheit – den Augenblick, in dem die Situation für eine Veränderung oder Entwicklung reif ist. Wie oft haben wir schon Menschen erlebt, die sich mit einer verpaßten Gelegenheit quälen. Wir alle kennen das immer wiederkehrende »wenn nur...«, »Wenn ich nur zugehört hätte...«, »Wenn ich sie damals nur geheiratet hätte...«, »Wenn ich dem Umzug doch nur zugestimmt hätte...«

Bedauern ist ein trauriges Gefühl, das uns nur Kraft kostet. Es erinnert uns an die vielen Dinge im Leben, die wir verpaßt haben. Andererseits kann es uns auch helfen, aus unseren Fehlern zu lernen. Denken Sie einmal an Beziehungen, die gescheitert sind; solche, die sie bedauern. Nun stellen Sie sich folgende Fragen:

- War ich bereit, etwas zu riskieren? Wenn ja, war es ein vernünftiges Risiko, das sich auf verfügbare Informationen stützte?
- Habe ich vielleicht erwartet, daß ein Bereich der Beziehung (Leidenschaft, Vertrautheit oder Verbundenheit) allen meinen Bedürfnissen genügt, und ist es mir nicht gelungen, eine Vielzahl gemeinsamer Werte und Ziele zu entwickeln?
- Habe ich mein Verhalten und meine wichtigsten Wertvorstellungen oder auch die meines Partners

dahingehend betrachtet, wie wir uns wohl in Zukunft verhalten sollten, oder habe ich weiterhin an falschen oder auch unrealistischen Erwartungen festgehalten?

- Habe ich mich gefragt, welche Auswirkungen meine Entscheidung auf eventuellen Gewinn oder Verlust haben könnten?
- Habe ich in meiner Beziehung Entwicklungen und Veränderungen gefördert oder war ich aus lauter Angst um einen möglichen Kontrollverlust völlig gelähmt?
- Habe ich den Gewinn gegen die Enttäuschungen abgewägt und mich bewußt für den Wert der Beziehung entschieden, oder habe ich meine Entscheidungen gefühlsmäßig spontan getroffen?
- Habe ich die richtigen Umstände abgewartet, oder habe ich mich bei meinen Entscheidungen auf meine tiefsten Instinkte verlassen, auch wenn ich wußte, daß es keine Garantie gab?
- Habe ich meine Beziehung gepflegt und gehütets oder habe ich erwartet, daß sie ganz von allein gedeiht?

Eine erfüllte Beziehung beginnt mit dem Verständnis beider Partner für das Maß ihres Engagements und mit dem Bemühen, möglichst viel in die Beziehung zu investieren. In den folgenden Kapiteln werden wir, ausgehend von der Bereitschaft zur Verantwortung, Methoden kennenlernen, die uns helfen, Probleme zu lösen und unsere Beziehungen zu bereichern.

Kapitel 6

Beziehungsintelligenz: Lektion 3

Methoden zur Problemlösung

Häufig vertreten wir eine unsinnige Meinung über unsere Probleme, besonders wenn sie die Liebe betreffen. Die Probleme überfordern uns und bringen unsere Gefühle völlig durcheinander. Wir wundern uns darüber, daß wir ausgerechnet mit den Menschen, die wir am meisten lieben, auch die meisten Schwierigkeiten haben.

Natürlich sind die Probleme, die in einer Beziehung auftauchen, wie sich vorher schon gezeigt hat, keine klar strukturierten Probleme. Sie sind ungenau und hartnäckig, schwer zu erkennen und noch schwieriger zu lösen.

Doch jeder kann sich in einer Beziehung intelligent verhalten, wenn er sich verantwortlich fühlt. Beziehungsintelligenz verlangt von uns, daß wir aus unserer Frustration und Hoffnungslosigkeit herauskommen, unsere Probleme erkennen und einen Plan zu ihrer Lösung entwerfen.

Der erste Schritt zur Problemlösung ist natürlich das Erkennen des Problems. Ein Problem läßt sich nicht lösen, wenn wir seine Existenz verleugnen. Manchmal ist es für zwei Menschen einfach, ein Problem zu erkennen, doch dies ist nicht immer der Fall. Wenn Sie und Ihr Partner sich abweichend voneinander verhalten und dies Probleme mit sich bringt, betrachten Sie dieses Verhalten direkt. Manchmal lassen schon kleine Veränderungen zu Beginn größere Veränderungen zu einem späteren Zeitpunkt unnötig werden.

Jede Beziehung ist einmalig und bringt ihre ganz besonderen Umstände, ihre Geschichte und ihre Standpunkte mit sich. Dennoch gibt es einige grundlegende Methoden zur Problemlösung, die sich gut als Ausgangspunkt dafür eignen, Lösungen auf effektive Weise auszuhandeln. Als Beispiel wollen wir Keith und Tina nennen, die seit zwei Jahren verheiratet sind, und gemeinsam mit ihnen die Möglichkeiten der Problemlösung durchgehen.

Sehen Sie sich Ihr Problem genau an!

Keith und Tina streiten sich über die Besuche bei Tinas Eltern. Keith kommt mit seinen Schwiegereltern nicht gut aus, und daher sind die monatlichen Besuche für ihn genau zwölf Besuche im Jahr zuviel. Jeder Besuch bringt eine unendlich lange Anfahrt mit sich und beansprucht dann das ganze Wochenende. Er ärgert sich jedesmal darüber. Von seiner Freizeit, die er für Tina und sich oder aber einfach zum Ausruhen benötigt, geht so ein großer Teil verloren. Doch Tina hängt sehr an ihren Eltern, deren einziges Kind sie ist; sie fühlt sich daher verantwortlich, die kleine Familie zusammenzuhalten. Sie begreift nicht, warum Keith daraus jedesmal so eine Affäre macht. Sie erwartet ansonsten nicht viel von ihm und glaubt, daß es doch das mindeste sei, was Keith für sie tun könnte. In dieser Sache sind sie nun in einer Sackgasse gelandet.

Wenn zwei Menschen sich immer wieder wegen einer bestimmten Sache streiten, so meist deswegen, weil jeder das Problem anders sieht; genau so ist es bei Keith und Tina. Jeder von ihnen beharrt auf seiner Meinung, und daher ist eine für beide akzeptable Lösung nicht in Sicht. Zunächst muß also das Problem genau betrachtet werden, wie unter einem Mikroskop, und zwar aus der Sicht beider Partner. Das Ziel ist eine gemeinsame Definition.

Betrachten Sie das Problem im Zusammenhang!

Zunächst sollte man sich auf die wichtigsten Bereiche einigen, in denen das Problem auftaucht. Das verdeutlicht auf einfache Weise, wie sich das Problem überhaupt darstellt. Zum äußeren Bereich gehören aktuelle physische Umstände, auf die sich das Problem konzentriert. Der innere Bereich führt uns zu den Auswirkungen, die das Problem verursacht – wie es von beiden Partnern aufgenommen wird.

Äußerer Bereich	*Innerer Bereich*
Geld	Verbundenheit
Haushalt	Ideale
Karriere	Ethik
Sexualität	Freiheit
Familie und Verwandte	Selbstachtung
Freundschaften	Sexualität
Freizeit	Kommunikation
Kinder	Respekt
Erziehung	Fürsorge
Religion	Vertrauen

Wichtig für Keith und Tina ist, daß sie in beiden Bereichen übereinstimmen. Im äußeren Bereich mag dies noch einfach sein, beide akzeptieren, daß ihr Problem sich auf Familie und Freizeitgestaltung bezieht. Schwieriger wird es, wenn jeder die eigene Vorstellung verdeutlichen soll. Für Tina erwachsen aus ihrem gemeinsamen Problem Zweifel an Keiths Verbundenheit und an seiner Fürsorge für sie. Sie verlangt doch so wenig von ihm – warum verweigert er ihr diesen einen Gefallen, der für sie von so großer Bedeutung ist? Außerdem sieht sie es als Frage der Achtung. Wenn Keith sie liebt, sollte er auch ihre Familie achten.

Doch für Keith stellen sich die Dinge anders dar. Er beteuert, daß er ganz zu ihrer Ehe steht, doch daß dies nicht bedeuten kann, zu einem Verhalten gezwungen zu werden, mit dem er überhaupt nicht einverstanden ist. Für ihn betrifft das Problem den Aspekt der Freiheit in einer Ehe, entscheiden zu können, auf welche Weise man zumindest einen Teil seiner Freizeit verbringen möchte. Er findet, daß die monatlichen Besuche eigenmächtig zustande kommen, da Tina dies lediglich mit ihren Eltern ausmacht, ohne ihn nach seinen Vorstellungen zu befragen.

Im Laufe ihrer Auseinandersetzung verdeutlicht Keith noch einen anderen Aspekt, den Tina wohl niemals erwartet hätte. Er erklärt ihr, daß es mit seiner Selbstachtung zu tun hat. Keith besucht Tinas Eltern deswegen so ungerne, weil ihn sein Schwiegervater immer wieder demütigt. Bei jedem Besuch findet er eine Gelegenheit, ihn auf seinen Beruf als Fernmeldemechaniker anzusprechen und Keith damit herabzusetzen. Für ihn ist klar, daß Tinas Vater sich wünschte, seine Tochter wäre mit einem Akademiker verheiratet, und in den Diskussionen darüber fühlt sich Keith angespannt und unglücklich.

Tina hatte wohl die Bemerkungen ihres Vaters mitgehört, doch ihr war niemals klar geworden, wie sehr sie Keith verletzten. Er ließ sich seine starken Empfindungen nicht anmerken. Jetzt wird ihr dieser Aspekt klar, und sie hat mehr Verständnis für seine Haltung.

Um herauszufinden, in welchen Bereichen ihr Problem auftaucht, können Tina und Keith zunächst ihre jeweiligen Standpunkte deutlich machen. Ihre Unterredung könnte etwa folgendermaßen aussehen:

T: Ich finde es wichtig, daß wir mit meiner Familie verbunden bleiben, auch wenn du sie nicht sehr magst. Da deine Eltern nicht mehr leben, sind sie unsere engsten Verwandten. Wenn wir einmal Kinder haben sollten, wird dies noch wichtiger sein. Ich verlange von dir nicht oft, deine Freizeit zu opfern. Einmal im Monat dürfte nicht zuviel verlangt sein.

K: Einmal im Monat bedeutet für mich sehr viel. Im Laufe eines Jahres sind es 24 Tage, an denen ich so unter Stress stehe. Du hast mich niemals befragt, wie oft ich deine Eltern besuchen möchte. Ich arbeite hart, und ich finde, daß ich ein Recht darauf habe, selbst zu entscheiden, wie ich meine Freizeit verbringe.

T: Ich verstehe jetzt, wie aufreibend es für dich sein muß. Die Kommentare meines Vaters finde ich unmöglich. Ich könnte doch mit ihm sprechen und ihn bitten, damit aufzuhören. Würde dir das helfen?

K: Ja, bestimmt. Doch die Einstellung deines Vaters ist nur ein Teil des Problems. Ich bleibe dabei, daß ein

Wochenende im Monat zuviel von meiner begrenzten Zeit ist, in der ich mich entspannen und meinen anderen Interessen nachgehen möchte. Außerdem bleibt uns beiden dann nicht mehr viel Zeit füreinander.

T: Das erscheint mir fair, doch ich muß auch an meine Eltern denken. Sie werden nicht jünger, und ich bin ihr einziges Kind. Ich bedeute ihnen eben sehr viel.

K: Ich offensichtlich nicht. Vielleicht kannst du ab und zu alleine zu ihnen fahren.

In ihrer Diskussion haben Keith und Tina nicht nur ihre eigenen Standpunkte verdeutlicht, sondern auch die anderer, nicht anwesender Personen, nämlich Tinas Eltern, in ihre Überlegungen mit einbezogen. Nur sehr wenige Beziehungsprobleme beschränken sich auf das Paar selbst. Meist sind noch andere Personen betroffen. In unserem Fall akzeptieren Tina und Keith beide, daß auch die Beziehung zu weiteren Verwandten erhalten bleiben muß. Sie sind sich außerdem darüber einig, daß für Tinas Eltern die regelmäßigen Besuche wichtig sind und daß es zu ihrer Verantwortung als Ehepaar auch gehört, daß die Vorstellungen von Tinas Eltern mitberücksichtigt werden. Hätte Keith gesagt: »Ich kümmere mich nicht um die Gefühle Deiner Eltern«, so hätte er diese Verantwortung zurückgewiesen, und das Problem hätte sich völlig anders dargestellt.

Sprechen Sie Ihr Problem deutlich aus!

Nachdem Keith und Tina die Gelegenheit hatten, sich gegenseitig ihre Vorstellungen deutlich zu machen, muß das Paar nun zu einer klaren Artikulierung ihres Problems kommen, auf die sich beide einigen können. Diese Artikulierung sollte wirklich eine Aussage zur Sache sein und keine Anschuldigung. Nicht besonders nützlich wäre beispielsweise folgende Erklärung des Problems: »Tina möchte, daß Keith jeden Monat ihre Familie besucht, doch er will nicht.« Gerade diese Form der Aussage führt unweigerlich zu einem toten Punkt. Wenn man sich zu einem Problem äußert, sollte man es eher als Herausforderung betrachten, der man sich stellt, oder als Ziel, das man erreichen möchte. Dies ist kein Semantikspiel, sondern ein wichtiger Schritt auf dem Weg zur Lösung. Die Art, in der man das Problem artikuliert, legt gleichzeitig auch fest, auf welche Weise es gelöst werden kann.

Keith und Tina definieren ihr Problem schließlich folgendermaßen: »Das Bedürfnis mit Tinas Eltern, den einzigen engen Verwandten, eine bestimmte Zeit zu verbringen, sie zu unterstützen und die Familie zusammenzuhalten, ohne die eigenen Bedürfnisse als Paar und als Einzelperson zu vernachlässigen.«

Die gemeinsame Artikulierung des Problems berücksichtigt die Vorstellung jedes einzelnen und drückt sie positiv und aktionsorientiert aus.

Schaffen Sie einen Konsens!

Die Lösung unserer Probleme kommt oft deshalb nicht zustande, weil wir den Schritt zur Umsetzung nicht vollziehen. Ein Paar hat beispielsweise das Problem, zu wenig Zeit miteinander zu verbringen. Sie könnten nun sagen: »Okay, ab jetzt tun wir es.« Dann bewegen Sie sich zwar vom Problem zur Lösung, haben jedoch keinen Plan aufgestellt; daher bleibt ihre Lösung (selbst mit den besten Absichten) ohne Erfolg.

Eine erfolgreiche Lösung erfordert einen klaren und kreativen Ansatz, mit dem Ziel, zu einem Konsens zu gelangen. Ein Konsensus setzt voraus, daß beide Parteien mit der Lösung leben können. Es wäre kein Konsens, wenn Keith trotzig verlauten ließe: »Ich besuche deine Eltern nicht mehr.« Das Problem des Paares würde dadurch nur noch größer. Zu einem Konsens kommt es, wenn beide Partner erkennen, daß die Vorstellung des anderen beim Prozeß der Lösungsfindung berücksichtigt werden muß. Als erster Schritt muß jede Möglichkeit in einer Art Brainstorming durchgespielt werden.

Brainstorming ist ein endloser kreativer Prozeß, in dem man alle Lösungsmöglichkeiten vorstellen kann, ohne sie zu beurteilen. Brainstorming kann ein sehr aufschlußreicher Prozeß sein, der uns vor der hoffnungslosen Verzweiflung bewahrt, keine Mittel und Wege finden zu können, die unsere Probleme lösen.

Was versteht man unter Brainstorming? Nachdem das Problem definiert ist, schreibt man alle möglichen Lösungen auf, auch solche, die uns unmöglich oder weit hergeholt erscheinen. Dieser kreative Prozeß ist sinnvoll, da das Problem ohne die Vorstellung verschiedener Lösungsmöglichkeiten in der Luft hängt oder sich festsetzt. Der Prozeß des Brainstorming erfordert die Bereitschaft, zuzuhören und flexibel zu sein. Ein Mensch, der sagt, er sei »bereit« eine Lösung zu finden, doch »nur wenn du tust, was ich sage«, handelt unflexibel und schließt die Möglichkeit einer Lösung von vorneherein aus. Keith und Tina spielen folgende Möglichkeiten im Geiste durch:

1. Tinas Eltern könnten sie zu gewissen Zeiten besuchen, wobei Keith am Wochenende freie Zeit für eigene Interessen haben sollte, aber auch Zeit mit den Schwiegereltern verbringen könnte.
2. Sie könnten ihre Besuche reduzieren, von jedem Monat auf nur noch jeden zweiten oder alle sechs Wochen.
3. Tina könnte ihre Eltern ein paarmal allein besuchen; ab und zu würde Keith sie auch weiterhin begleiten.
4. Das Paar könnte sich darauf einigen, Tinas Eltern nicht mehr regelmäßig zu besuchen, sondern stattdessen eine gewisse Zeit im Urlaub mit ihnen gemeinsam zu verbringen.
5. Sie könnten ihre Besuche vorerst weiter fortsetzen, sich aber darauf einigen, sie in Zukunft zu reduzieren oder noch andere Möglichkeiten in Betracht zu ziehen.
6. Sie könnten die Zahl ihrer Besuche reduzieren und stattdessen öfter miteinander telefonieren oder auch Briefe schreiben.

Jeder dieser Lösungsvorschläge berücksichtigt die Festlegung des Problems, und gewissermaßen könnte jede

Lösung erfolgreich sein, wenigstens kurzfristig. Natürlich sind Keith und Tina beide bereit, Kompromisse einzugehen. Der Prozeß des Brainstorming hat ihnen die Augen geöffnet. Sie haben erkannt, daß keiner das Opfer sein muß, daß es eine Reihe von Möglichkeiten gibt. Eine der größten Schwierigkeiten, die sich Paaren bei der Lösung ihrer Probleme stellt, ist die Unfähigkeit, ihre Vorstellung zu erweitern und eine Reihe von Möglichkeiten miteinzubeziehen. Die meisten sehen ihre Probleme nur schwarzweiß auf einem schmalen Lösungsweg.

Treffen Sie eine Entscheidung!

Wie können Keith und Tina vorgehen, um aus all den Vorschlägen nun den besten herauszufinden? Die Entscheidung hängt von der Art des Problems ab, das sie lösen wollen. Ich kenne ein Paar, das sich in seinen Entscheidungen immer abwechselt, wenn es beispielsweise einmal pro Woche abends ausgeht. Da die Partner verschiedene Interessen haben, einigten sie sich auf diese Weise. So ist jeder von ihnen wenigstens die halbe Zeit zufriedengestellt.

Manchmal bietet sich auch so etwas wie eine Bilanz an. Ein anderes Paar entscheidet sich für diese Methode, wenn sie in einer Sackgasse stecken, zum Beispiel beim Kauf eines neuen Autos. Sie wünschte sich einen Volvo, er hätte lieber einen Buick gehabt. Nachdem sie sich beide Modelle genau angesehen hatten, notierten sie die Pros und Contras beider Wagen und einigten sich dann auf das Modell, das ihren Bedürfnissen am meisten entsprach.

Keith und Tina haben sich schließlich für eine abgeänderte Form des Abwechselns, für die dritte Möglichkeit ihrer Liste entschieden und sich darüber hinaus auch noch darauf geeinigt, Tinas Eltern mit ihrem ersten Vorschlag entgegenzukommen. In den geraden Monaten wird Tina nun ihre Eltern alleine besuchen, und Keith kann diese Wochenenden für eigene Interessen nutzen. In den ungeraden Monaten besuchen sie auch weiterhin die Eltern gemeinsam. Außerdem wird Tina ihre Eltern bitten, wenigstens zweimal im Jahr zu ihnen zu Besuch zu kommen.

Inwieweit ist dies eine Lösung ihres Problems, wenn man dabei auch die individuellen Vorstellungen berücksichtigt? Keith und Tina können die Anwendbarkeit ihrer Lösung messen, indem sie sie mit der Artikulierung ihres Problems vergleichen: Kommt sie Tinas Bedürfnis entgegen, gewisse Zeiten mit ihren Eltern gemeinsam zu verbringen? Ja, einer von ihnen oder sogar beide werden auch in Zukunft genauso viel Zeit mit den Eltern verbringen wie zuvor.

Entspricht es ihren persönlichen Bedürfnissen als Einzelperson und als Ehepaar? Ja, tatsächlich weist ihre neue Vereinbarung gewisse Vorteile auf, die sie vorher nicht bedacht hatten. Tina fühlt, daß sich in der Zeit, die sie nun mit ihren Eltern allein verbringt, eine neue Vertrautheit entwickeln kann, die sie schon glaubte verloren zu haben, da sie dauernd damit beschäftigt war, sich um Keiths Unwohlsein zu kümmern. In den Monaten, in denen Keith sie nun begleitet, empfindet er außerdem weniger Streß. Da nun auch seine Vorstellungen berücksichtigt werden, wird ihm stärker bewußt, wie viel Tinas Familie ihr bedeutet. Er bemüht sich, seine Schwiegereltern nun nicht mehr als Gegner zu betrachten, und zu seiner Überraschung stellt er fest, daß sich ihre Beziehung seither positiv entwickelt.

An den Wochenenden, die Keith allein verbringt, genießt er die Zeit mit Lesen oder geht mit Freunden Golf spielen. Beide haben gelernt, daß diese freiere Zeiteinteilung ihnen guttut und ihre Ehe gefestigt hat.

Überprüfen Sie Ihre Lösung!

Keine Lösung taugt für die Ewigkeit. Wenn die Umstände sich ändern, muß auch die Lösung sich anpassen. Keith und Tinas Lösung funktionierte so lange, bis sie ihr erstes Kind bekamen. Nun konnten sie Tinas Eltern nicht mehr regelmäßig besuchen, und Tina konnte mit dem Baby nicht allein verreisen. Zu diesem Zeitpunkt überdachten sie ihr Problem und kamen zu einer neuen Vereinbarung: Tinas Eltern sollten nun häufiger zu ihnen kommen. Als ihre Tochter älter wurde, besuchte sie öfter ihre Großeltern allein, während Keith und Tina die Zeit einmal ganz für sich nutzen konnten.

Manchmal reicht ein Kompromiß allein nicht

Keith und Tina konnten mit Hilfe einfacher Techniken zur Problemlösung einen Kompromiß aushandeln, der für beide akzeptabel war. Kompromisse sind für eine Beziehung von großer Bedeutung. Doch dies ist nur eine Möglichkeit, Beziehungsprobleme zu lösen. Sie sind meist dann wirksam, wenn es um praktische Probleme geht und die innere Struktur einer Beziehung nicht gefährdet ist. Doch wenn das Problem ernster wird, müssen wir eine andere Methode anwenden, um eine Lösung zu erreichen.

Peggys Ehemann Brad hatte in ihrer achtjährigen Ehe einige kleinere Affären gehabt. Als Peggy zum ersten Mal dahinter kam, daß er eine Affäre hatte, stellte sie ihn zur Rede. Er versicherte ihr, daß ihm diese Affäre nichts bedeutete. »Es war nur ein einmaliger Seitensprung«, sagte er. »Es ist einfach so passiert. Es ändert nichts an meiner Liebe zu dir.« Er versprach, das Verhältnis zu beenden; Peggy verzieh ihm und glaubte seinem Versprechen, daß es nie wieder vorkommen werde.

Doch zwei Jahre später hatte sie erneut den Verdacht, daß er ein Verhältnis hatte; diesmal war sie völlig verzweifelt. Sie hatte ihm geglaubt (als er ihr versicherte, daß es nie mehr passieren würde), und nun fragte sie sich, ob sie ihm jemals wieder vertrauen könnte. Eines Abends, nach der Arbeit, wollte sie mit Brad darüber reden.

»Hast du ein Verhältnis?« fragte sie ihn auf den Kopf zu.

Er gab es zu.

Peggy war überwältigt von einem Gefühl der Traurigkeit. Sie weinte.

»Peggy«, sagte Brad, und legte seine Arme um sie, »ich will dich nicht verletzen; du mußt mir glauben, daß mir diese Affären nichts bedeuten. Ich liebe dich und keine andere Frau.«

»Aber ich allein genüge dir nicht.«

»Natürlich«, versicherte Brad. »Ich wäre ohne dich verloren. Ich glaube, wir haben einfach nur ganz verschiedene Vorstellungen von Sexualität, das ist unser Problem.«

»Ja, vielleicht«, meinte Peggy ernsthaft. »Doch ich glaube nicht, daß ich es ertragen kann, daß mein Mann mit anderen Frauen schläft. Ich kann nicht mit dir zusammenleben, wenn du mir nicht treu bist.«

Brad wollte Peggy nicht verlieren, und er versprach, seine Affären aufzugeben. Doch Peggy konnte ihm nicht so recht glauben. Er hatte es schließlich schon einmal versprochen.

Peggy und Brad standen vor einem schwierigen Problem, das ihre Ehe bedrohte. Gab es überhaupt eine Lösung? Natürlich kam ein Kompromiß hier nicht in Frage.

Definieren Sie Ihr Problem!

Peggy und Brad betrachteten jeder für sich das Problem auf ganz unterschiedliche Weise. Für Peggy erstreckte sich das Problem auf verschiedene Bereiche, nämlich Verbundenheit, Ethik, Achtung, gemeinsame Ideale und Vertrauen. Es gefährdete nicht nur die Sexualität, sondern ihre gesamte Identität als Paar. Für Brad bestand das Hauptproblem darin, daß sie kaum zu einer vernünftigen Kommunikation fähig waren und Peggy ihm nicht vertraute. Er beharrte darauf, daß diese Affären nur deshalb ein Problem seien, weil Peggy eins daraus machte.

Schließlich gingen Brad und Peggy zu einem Eheberater, da sie selbst nicht zu einer Definition ihres Problems gelangen konnten. Nachdem sich der Eheberater die Standpunkte beider Partner angehört hatte, machte er ihnen klar, daß sie nur wenig weiterkommen würden, solange sie nicht zu einem gemeinsamen Verständnis der wichtigsten Punkte gelangen konnten. Besonders wichtig sei ihre jeweilige Auffassung der tatsächlichen und der idealen Ehe, und diese sollten sie miteinander vergleichen. »Sie kommen nicht als Partner mit einem gemeinsamen Problem zu mir«, sagte er. »Jeder von Ihnen hat sein eigenes, und nun hoffen Sie, daß ich mein Urteil fälle und Ihnen sage, wer von Ihnen recht hat und wer nicht. Doch das eigentliche Problem liegt wahrscheinlich darin, daß Sie keine übereinstimmende Vorstellung von ihrer Ehe haben.«

Stellen Sie Ihre verschiedenen Auffassungen von Liebe einander gegenüber!

Viele Probleme einer Beziehung entstehen aus der unterschiedlichen Auffassung jedes einzelnen Partners darüber, was ihm die Beziehung bedeutet und was sie ihm bedeuten sollte. Leider sind die meisten Paare nicht in der Lage, schon zu Beginn ihrer Beziehung diese wichtigen Punkte zu klären. Weil sie sich wünschen, daß ihre Beziehung gut funktioniert, gehen sie oft davon aus, daß sie eine gemeinsame Auffassung von ihrer Beziehung haben, obwohl diese gar nicht existiert. Brad und Peggy hatten jedoch jeder für sich klare Vorstellungen von den wichtigsten Aspekten ihrer Beziehung, gerade auch von der Bedeutung sexueller Treue. Peggys Einstellung entsprach der allgemein üblichen Meinung. Brad tat so, als ob er Peggy treu sei, doch als sie seine Affären aufdeckte, kam seine wahre Einstellung zutage: sexuelle Treue war für ihn nicht notwendiger Teil einer idealen Ehe. Für Peggy war Sexualität eng mit den Komponenten Vertrautheit und Verbundenheit verknüpft. Brad konnte diese Aspekte auch getrennt sehen.

Gibt es für ein Paar mit so unterschiedlichen Vorstellungen überhaupt eine Lösungsmöglichkeit, mit der sich beide anfreunden können?

Der Eheberater schlug vor, daß jeder für sich folgende Übung ausführen sollte:

Jeder sollte ein Blatt Papier in der Mitte unterteilen. Auf der linken Seite sollten sie mit der Überschrift »Dinge, die ich an meiner Beziehung schätze« und auf der rechten Seite »Dinge, die mich an meiner Beziehung stören« notieren.

Nachdem sie ihre Listen aufgeschrieben hatten, forderte der Eheberater die beiden auf zu lesen, was der andere geschrieben hatte. Danach wollte er wissen, was sie empfanden, ohne auf die Punkte im einzelnen einzugehen.

Peggy mußte zugeben, daß sie sich mit Hilfe dieser Übung weniger aggressiv und bedroht fühlte. »Wenn ich all die positiven Dinge schwarz auf weiß lese, fühle ich mich gleich wohler. Außerdem habe ich nicht erwartet, daß Brad so viele positive Dinge nennen würde, daher war ich sehr überrascht.«

Die Übung war als Ausgangspunkt für einen Dialog sehr geeignet, da Peggy und Brad auf diese Weise Abstand zu ihrem aktuellen Problem bekamen und ihre Beziehung einmal globaler betrachten konnten. Darüber hinaus war dies eine Gelegenheit, aus ihrer negativen Stimmung herauszukommen und zu erkennen, daß es auch positive Seiten in ihrer Beziehung gab.

Oft ist es nicht leicht, dies in einer schweren Konfliktsituation überhaupt noch zu erfassen.

Mit Hilfe dieser Übung kam es zu einer Diskussion über Peggys und Brads Vorstellung von Ehe. Es stellte sich heraus, daß bestimmte Idealvorstellungen ähnlich, andere unterschiedlich waren. Solange sie keine übereinstimmende Auffassung erzielten, würde es keine Möglichkeit geben, ihr Problem gemeinschaftlich zu artikulieren, es als gemeinsame Herausforderung zu betrachten, um zu einer Lösung zu gelangen. Möglicherweise wären die Einschätzung ihres Problems und ihre Idealvorstellungen einer Ehe so unterschiedlich, daß sie niemals zu einem Konsensus kommen würden. Doch oft löst diese Auflistung einen anregenden Dialog aus. Während Brad versuchen könnte, herauszufinden, ob sexuelle Freiheit wichtig ist oder nicht, könnte er erkennen, daß er seine Affären nur benötigt, um gewisse Unsicherheiten zu verdecken. Vielleicht würde er sogar zugeben können, daß ihn die Affären nicht sonderlich befriedigt haben. Auch Peggy könnte einiges über sich erfahren, indem sie ihre Idealvorstellung von sexueller Monogamie einmal genauer betrachtet. Vielleicht hat sie ihre Sexualität nur als ein Mittel benutzt, um Brad nicht zu verlieren. Beziehungsintelligenz setzt die Bereitschaft beider Partner voraus, kreativ zu sein und mit Hilfe von Kompromissen Lösungsmöglichkeiten für ihre Alltagsprobleme zu finden:

- Sie lernen, sich die Auffassung des anderen zu ihrem Problem genau anzuhören.
- Sie lernen, eine gemeinsame, klare und eindeutige Artikulierung ihres Problems zu finden, die ihnen den Weg zur Lösung erleichtert.

- Sie lernen, durch Brainstorming offener für verschiedene Vorschläge zu werden.
- Sie lernen, zu einem Konsensus in ihrem Problem zu kommen, der die Belange jedes einzelnen Partners berücksichtigt.
- Sie lernen, ihre Lösungen immer wieder zu überprüfen und geeignete Veränderungen vorzunehmen, wenn sich die Umstände ändern.

Verfahrensvorschläge zu einem Beziehungsworkshop

Jedes Paar bringt eine einzigartige Mischung von Umständen und Erwartungen hinsichtlich seiner Beziehung mit an den Verhandlungstisch. Die folgenden Verfahrensvorschläge sind unzureichend; sie eignen sich lediglich als Grundlage für Verständnis und Entscheidungen, unabhängig von den Voraussetzungen. Wenn Sie und Ihr Partner sich mit einem Problem herumschlagen und Sie sich beide um eine Lösung bemühen, ist dieses Verfahren sehr hilfreich für Sie. Notieren Sie dabei Ihre Antworten.

1. Schreiben Sie jeder für sich auf, wie Sie das Problem einschätzen. In welchen äußeren Bereichen tritt es auf? Welche inneren Bereiche sind betroffen?
2. Vergleichen Sie Ihre Notizen und erörtern Sie:
   - Inwieweit sind Ihre Vorstellungen ähnlich?
   - Worin unterscheiden sie sich?
   - Falls Ihre Vorstellungen voneinander abweichen, wie bewerten Sie, was Ihr Partner denkt?

- Welche Einsichten erlangen Sie, wenn Sie erfahren, wie Ihr Partner das Problem artikuliert?

3. Fertigen Sie nun – ausgehend von Ihren Erklärungen – eine Liste aller Überlegungen an, die in einer zufriedenstellenden Lösung enthalten sein müssen.
4. Schreiben Sie jeder für sich, auf der Grundlage dieser Liste, Ihre Auffassung des Problems nieder. Dies sollte in einer positiven Form geschehen. Dazu könnte Ihre Darstellung etwa mit den Worten beginnen: »Die Aufgabe besteht darin, ...«
5. Vergleichen Sie nun, was Sie notiert haben. Überdenken Sie Ihre individuellen Aussagen und formulieren Sie eine gemeinsame Darstellung, in der alle wichtigen Punkte enthalten sind. Dies ist dann *Ihre* Definition des Problems, das Sie nun als gemeinsame Herausforderung betrachten.
6. Notieren Sie, wieder jeder für sich, Möglichkeiten, diese Aufgabe zu lösen.
7. Vergleichen Sie Ihre Vorschläge, und suchen Sie die wichtigsten Übereinstimmungen. Sie sollten nun wenigstens fünf brauchbare Vorschläge vor sich haben.
8. Besprechen sie das Für und Wider jedes einzelnen Vorschlags, und einigen Sie sich auf einen (oder mehrere), der (die) Ihnen am ehesten durchführbar erscheint (erscheinen). (Falls einer der Vorschläge nicht funktioniert, können Sie immer noch auf die übrigen zurückgreifen.)
9. Denken Sie gemeinsam über einzelne Verhaltensweisen nach, die nun geändert werden müssen, und ordnen Sie sie nach Priorität und zeitlicher Folge. Ein Kalender könnte nützlich sein, um einen zeitlichen Rahmen für jede Handlung festzulegen.

10. Entscheiden Sie nun, wer von Ihnen was in Angriff nehmen wird.
11. Legen Sie einen Zeitpunkt fest, zu dem Sie Ihre Erfolge auswerten wollen.
12. Symbolisieren Sie Ihre Entscheidung in irgendeiner Form (in einer Variation des »Handschlags«, wenn man sich auf etwas geeinigt hat).

Auch wenn Ihnen dieser Ablauf steril erscheint, glauben Sie mir, er ist es nicht! Die Methode soll Ihnen lediglich als Strukturierungsmöglichkeit Ihrer Diskussion dienen und Sie bei der Stange halten. Sie werden diesen Prozeß im Gegenteil als Ansporn empfinden. Wenn Sie sich bislang von Ihren Problemen erdrückt fühlten, werden Sie nun gewiß eine große Erleichterung verspüren, wenn Sie erkennen, daß Sie aus eigener Kraft zu einer Lösung gelangen können.

Dieses Verfahren verhindert gleichzeitig eine subjektive Sicht des Problems. Einige zerstörerische Aspekte wie Blamieren, Beschuldigen oder auch das Herunterspielen der Ansichten des Partners bleiben damit ausgeschlossen. Zum Abschluß dieses Verfahrens sollte nun jeder das Gefühl haben, daß seine Bedürfnisse berücksichtigt worden sind, selbst wenn er dafür Kompromisse in Kauf nehmen mußte.

Dies ist ein typisches Beispiel sinnvoll eingesetzter Intelligenz in einer Beziehung.

Kapitel 7

Beziehungsintelligenz: Lektion 4

Wenden Sie Erfolgstaktiken an!

Ein Problem sinnvoll zu lösen erfordert mehr als das genaue Einhalten eines Plans. Dazu gehört auch das Bewußtsein, wann und wo man Hilfe von außen in Anspruch nehmen kann. Vielleicht ist Ihnen gar nicht bewußt, daß es viele Möglichkeiten der Hilfe gibt. Sie sollten die nun folgenden Empfehlungen genau beachten, denn sie gehören zur Grundlage jeder Problemlösung.

Nutzen Sie Rückmeldungen von außen!

Ratschläge und Beobachtungen Ihrer Mitmenschen, die Ihre Situation objektiv beurteilen, sollten Ihnen wichtig sein. Wir lernen ein Leben lang dazu, und hauptsächlich aus den Rückmeldungen anderer. Meist möchten wir unsere Probleme nicht unbedingt anderen mitteilen, selbst unseren engsten Freunden nicht. Oder wir sprechen über unsere Sorgen, erwarten aber, daß unsere Freunde und sogar Lebensberater unsere Ansichten teilen. Wir akzeptieren nicht, daß sie uns kritisch beobachten. Doch die objektive Sicht unserer Umwelt gibt uns oft erst die Möglichkeit, auch festgefahrene Probleme einer Lösung näher zu bringen.

Spencer und Eleanor stecken gerade in einer schwierigen Phase und bemühen sich, ihr Problem in den Griff zu bekommen. Daher kommt es in letzter Zeit zu starken Spannungen zwischen ihnen. Sie sind beide recht unglücklich darüber, doch es gelingt ihnen nicht, selbst belanglose Reibereien gütlich zu regeln. Es ist ihnen beiden klar, daß, aus welchem Grund auch immer, ihre Auseinandersetzungen mehr als kleine Zankereien sind. Schließlich suchen sie Rat bei einem Eheberater.

Nach einigen Gesprächen stellt sich heraus, daß Spencer noch immer an einem Punkt zu kämpfen hat, den er längst abgehakt glaubte. Viele Jahre zuvor hatte er entdeckt, daß Eleanor einmal eine Affäre mit einem anderen Mann gehabt hatte. Er wartete lange Zeit darauf, daß sie es ihm erzählen würde. Doch da sie es niemals tat, beschloß auch er, es nicht zu erwähnen, aus Angst vor dem, was dann geschehen könnte. Außerdem gehörte diese Geschichte nun der Vergangenheit an. Spencer glaubte, daß diese Affäre keine Bedeutung mehr für ihn habe, doch er hatte sie nur verdrängt. In seinem Unterbewußtsein fühlte sich Spencer immer noch von Eleanors Treuebruch verletzt.

All diese Gefühle kommen während der Sitzungen wieder zutage, doch zunächst sagt Eleanor gar nichts dazu. Schließlich gibt sie doch zu, daß sie damals ein sehr kurzes Verhältnis hatte. »Es dauerte nur wenige Wochen«, meint sie. »Ich fühlte gleich, daß es ein Fehler war und beendete es. Ich liebe Spencer und wollte ihn nicht verletzen, daher habe ich nie darüber gesprochen.«

Eleanors Affäre war sehr kurz gewesen, doch ihre Vertrautheit war seither blockiert. Es war besonders schwierig, dies zu überwinden, weil beiden nicht bewußt war, aus welchem Grund sie blockiert waren. Für beide gehörte die Affäre der Vergangenheit an. Doch ungelöste Probleme verstärken sich mit der Zeit. Sie haben meist größere Schwierigkeiten zur Folge, die man mit dem eigentlichen Problem kaum noch in Verbindung bringen kann. Dieses Paar benötigte die Hilfe eines Außenstehenden, der ihnen die Affäre wieder ins Bewußtsein zurückholte und deutlich vor Augen hielt. Es ist höchst unwahrscheinlich, daß sie dies auch allein geschafft hätten.

Wir alle würden unsere Probleme lieber allein lösen. Es ist demütigend, zugeben zu müssen, daß man Hilfe braucht. Wir fragen uns: »Ich bin doch eigentlich clever genug, warum sollte ich Hilfe benötigen?« Doch ironischerweise sind die cleversten Menschen diejenigen, die wissen wann sie Hilfe brauchen – und sie auch in Anspruch nehmen.

Hören Sie auf Ihre inneren Signale!

Beobachten Sie ihre innersten Regungen, die sich in Reaktionen von Körper und Geist manifestieren. Wir sind oft so fixiert auf die Reaktionen unserer Mitmenschen und Umwelt, daß wir uns gar nicht mehr auf unsere innere Stimme einlassen. Doch manchmal finden wir gerade in unserem Inneren die Antwort, nach der wir suchen.

Gretchen bemüht sich redlich, die Dinge in Gang zu halten. Ihr Ehemann John ist Alkoholiker, und daher trägt sie die Hauptverantwortung für die Familie. Gleichzeitig hat sie eine Vollzeitbeschäftigung, erledigt den Haushalt und versorgt ihre zwei Kinder. Letztlich muß sich Gretchen auch noch um John kümmern und die Schäden beseitigen, die er im volltrunkenen Zustand anrichtet. Außerdem muß sie dann ertragen, auf welch schreckliche Weise er sie und die Kinder behandelt.

Nun hat Gretchen auch noch Schlafstörungen. Obwohl sie sich erschöpft fühlt, wälzt sie sich die ganze Nacht hin und her, mit dem Ergebnis, daß sie immer erschöpfter wird und dauernd unter Kopfschmerzen leidet. Doch Gretchen erkennt die Signale nicht. Sie glaubt fest daran, daß sie sich nur noch ein bißchen mehr Mühe geben müßte, um die Dinge in den Griff zu bekommen.

Aber ihre Bemühungen scheitern; ihr Körper schreit geradezu nach Hilfe. Er will ihr sagen, daß sie ihre Belastungsgrenze überschritten hat und einige ihrer Bemühungen zur Lösung ihrer Eheprobleme aufgeben muß. Wenn Gretchen doch nur die Signale erkennen würde, die ihr Körper meldet, so würde sie einsehen, daß sie auf dem falschen Weg ist.

Es ist nicht ungewöhnlich, daß Menschen nicht auf ihre innere Simme hören, wenn sie Probleme haben, besonders, wenn sie reich und daran gewöhnt sind, alles mit dem Verstand zu lösen. Viele verbergen ihre Gefühle hinter Gleichmut, da sie ihrer inneren Stimme nicht trauen. »Es liegt alles an meinem Kopf«, meint Gretchen, denn sie glaubt, daß dies alles Unsinn sei. »Wenn ich mich nur mehr zusammennehmen könnte, hätte ich die Situation besser im Griff.« Tatsächlich ist ihr Körper klüger. Er will ihr sagen, daß sie auf dem falschen Weg zur Lösung ihrer Probleme ist.

Beziehungsintelligenz erfordert die Berücksichtigung aller Faktoren, nicht nur der offensichtlichen. Das schließt auch unsere Beobachtungen mit ein, unsere Einstellung und die Gefühle zu diesen Beobachtungen. So wird nicht selten aus einem Gefühlskampf ein Magengeschwür, das dann selbst zu einem neuen Faktor wird.

Überprüfen Sie Ihre Wahrnehmung!

Wir gehen meist selektiv vor, wenn wir Dinge wahrnehmen. Ist unser Partner beispielsweise schweigsam, versuchen wir herauszufinden, ob er oder sie zufrieden oder unzufrieden ist. Menschen, die sich in Beziehungen clever zu verhalten wissen, nutzen jede Information über ihren Partner (auch »Signale«) und setzen sie selektiv zu einem Bild zusammen. Sie wissen genau, ob sie genug Information haben oder noch etwas erfahren müssen. Wenn beispielsweise nicht klar ist, ob die Schweigsamkeit des Partners auf Zufriedenheit oder Unzufriedenheit zurückzuführen ist, suchen sie nach weiteren Informationen: »Wie geht's dir!« oder »Du siehst müde aus. Hattest du heute einen anstrengenden Tag?«

Aus dem Verhalten anderer Menschen ziehen wir fortwährend unsere Schlüsse über ihre Motive. Wir tun dies so oft, daß wir häufig versäumen zu erkennen, ob unsere Rückschlüsse auch zutreffend sind.

Jackie hatte sich in letzter Zeit sehr verändert, und Roy hatte sie unauffällig beobachtet, um herauszufinden, was nicht in Ordnung war. Seit ihr Sohn Greg vor drei Monaten zur Welt kam, hatte Jackie Roy überhaupt nicht mehr beachtet. Sie opfert nun praktisch ihre gesamte Zeit dem Baby und läßt Roy nur ungern helfen. Er fühlt sich überflüssig und fragt sich, ob er nun Jackies Liebe an das Baby verlieren wird.

So stellt sich für Roy die Situation dar; vielleicht ist seine Wahrnehmung zutreffend, vielleicht aber auch nicht. Er ist zu stolz, um mit Jackie über seine Ängste zu sprechen oder sie um mehr Aufmerksamkeit zu bitten. In seiner Verbitterung und Verletztheit überlegt er schon, ob er sich die fehlende Zuneigung irgendwo anders beschaffen soll.

Roy zeigte keine Bereitschaft, andere Interpretationsmöglichkeiten für Jackies Verhalten in Betracht zu ziehen. Sein Verhalten entfremdet sie allmählich. Er möchte ihr das heimzahlen, was er als Mangel an Interesse von ihr interpretiert. Doch wenn er sich mit seiner Frau zusammensetzte und mit ihr ehrlich darüber redete, würde er erfahren, daß sich für sie die Situation ganz anders darstellt. Jackie ist noch sehr unsicher im Umgang mit dem Baby. Sie ist sehr besorgt und möchte keine Fehler machen, daher kann sie sich auf nichts anderes mehr konzentrieren, als auf die Pflege ihres Kindes. Jackie hat niemals vergessen, daß ihre Schwester durch eine kleine Unaufmerksamkeit verletzt wurde, als sie noch ein Baby war. Ihre Schwester lag schreiend in ihrem Bettchen, als Jackies Eltern in einem anderen Zimmer beschäftigt waren und ihre Schreie nicht hören konnten. Also hatte ihre Schwester versucht, aus dem Bett zu klettern und war dabei gestürzt. Noch heute trägt sie eine Narbe am Kopf, den sie sich bei ihrem Sturz auf den harten Fußboden verletzt hatte.

Ohne diese Information zu Jackies Erfahrungen sind Roys Rückschlüsse nichtig und destruktiv. Sie könnten sogar einen Keil zwischen das Paar treiben und das Zusammengehörigkeitsgefühl zerstören, das sie verband, bevor das Baby geboren wurde. Es klingt so einfach und es ist so entscheidend, *daß* Roy Jackie fragt, was sie empfindet. Der Dialog, der sich zwischen ihnen abspielen sollte, wenn beide ein wenig entspannt sind, könnte etwa folgendermaßen aussehen:

R: Jackie, ich möchte mit dir über etwas sprechen, was mich in letzter Zeit sehr beunruhigt.

J: Okay, was gibt's?

R: Seit das Baby geboren ist, fühle ich mich aus deiner Welt ausgeschlossen. Greg scheint dich vollkommen in Anspruch zu nehmen. Ich weiß, daß er dir ganz schön zu schaffen macht, doch ich wünschte mir auch ein bißchen mehr Zeit für uns beide. Weißt du eigentlich, daß wir uns seit seiner Geburt nicht mehr geliebt haben, und das ist nun drei Monate her.

J: (ein wenig aufgeregt) Ich glaube nicht, daß du dir vorstellen kannst, wieviel Energie mich dieses Neugeborene kostet. Ich bin die meiste Zeit so müde, daß ich für romantische Gefühle überhaupt keinen Sinn habe.

R: Ich verstehe dich, doch wenn ich dir versuche zu helfen, behandelst du mich wie einen Störenfried. Vielleicht machst du dir auch zu viele Sorgen. Immer wenn Greg wach ist, läßt du ihn nicht eine Sekunde aus den Augen. Außerdem hat meine Mutter sich angeboten, auf ihn aufzupassen, so daß wir mal einen Abend ganz für uns hätten, doch das hast du abgelehnt. Es scheint, als ob du gar nicht mit mir zusammensein möchtest.

J: Das ist es nicht, Roy. Ich würde liebend gerne einen Abend mit dir allein verbringen, und ich vermisse dich auch. Aber ich habe solche Angst, daß Greg etwas zustößt. Meine Schwester wurde verletzt, als ich klein war, nur weil meine Mutter sie allein in ihrem Bettchen ließ.

R: Davon hast du mir nie etwas erzählt.

J: Sie fiel aus dem Bettchen und hätte sich schwer verletzen können. Ich würde es mir niemals verzeihen, wenn Greg etwas zustoßen sollte. Deshalb bin ich die ganze Zeit so besorgt.

R: Ich glaube, dein Verhalten ist übertrieben. Es wird Greg nichts zustoßen. Es ist völlig unrealistisch zu glauben, daß du ihn dauernd beobachten kannst. Außerdem fühle ich mich völlig überflüssig. Jedesmal wenn ich Greg auf dem Arm halte, beobachtest du mich wie eine Löwin, stimmt's?

J: Ich kann nichts dafür. Niemand hat mir erklärt, wie man eine gute Mutter wird. Woher soll ich wissen, wie man's richtig macht?

R: Vielleicht wäre es das beste, andere Eltern kennenzulernen. Es muß doch eine Art Gruppe für junge Eltern geben. Wir könnten uns an Dr. Matthews wenden, vielleicht könnte er uns eine empfehlen?

J: Ich glaube, das ist eine gute Idee. Es tut mir leid, wenn ich dich verletzt habe. Ich wußte nicht, wie du dich fühlst. Alles ist so verwirrend.

R: Jackie, ich bin sicher, daß wir es schaffen werden. Doch du mußt mich mit einbeziehen, sonst fühle ich mich wirklich verletzt.

J: (erleichtert) Okay, ich werde es versuchen. Ich war so durcheinander, daß ich überhaupt nicht mehr klar denken konnte.

Für Roy und Jackie wird es lange dauern, bis sie den geeigneten Weg finden, um ihre Situation zu ändern. Doch der erste Schritt in diese Richtung ist getan, seit sie sich ausgesprochen haben. Solange Roy die Situation allein aus seiner Sicht interpretierte, entfremdete sich das Paar immer mehr. Doch nun können sie ihr Problem positiv angehen, auf der Basis ihrer gemeinsamen Vorstellungen.

Roy und Jackie wenden das Verfahren zur Lösung ihres Problems, über das wir im letzten Kapitel gesprochen haben, ganz zwanglos an. Jede Bemühung um Problemlösung muß mit einer Gegenüberstellung der verschiedenen Ansichten beginnen, formell oder auch zwanglos.

Nutzen Sie Ihre Erfahrungen!

Ihre »neuen« Probleme treten nicht in einem Vakuum auf. Sie sind als Folge der gesamten Geschichte all ihrer Beziehungen zu betrachten. Lernen Sie aus alten Erfahrungen, und wenden Sie sie auf aktuelle Probleme an. Es gibt so etwas wie eine »erlernte Reaktion«. Wenn Sie einmal die Erfahrung gemacht haben, daß eine ganz bestimmte Antwort nur Schaden anrichtet, können Sie sich beim nächsten Mal automatisch anders verhalten.

Aber obwohl es einleuchtend klingt, Erfahrungen aus früheren Beziehungen auf neue anzuwenden, muß man umsichtig handeln und darauf achten, daß das, was man meint, gelernt zu haben, auch richtig ist.

David war 18 Jahre lang mit einer sehr dominanten Frau verheiratet, die immer bekam, was sie wollte. Er wußte sich nicht zu behaupten, und es erschien ihm einfacher, zu tun, was sie verlangte, als den empfindlichen Frieden in ihrer Ehe zu stören. Doch schließlich wollte er nicht länger nachgeben und herumkommandiert werden. Er reichte die Scheidung ein und gewann seine Freiheit nach einem langen, erbitterten Kampf zurück.

Nun möchte David wieder eine Beziehung eingehen. Er ist diesmal wild entschlossen anzuwenden, was er aus seiner ersten Ehe gelernt hat. Er will sich nun behaupten, bevor ihm die Dinge aus den Händen gleiten. Nur so kann er Probleme verhindern. Wenn es der Frau nicht gefallen sollte, kann sie ja gehen. Nie wieder will er sich mit einer so übermächtigen Frau einlassen. Doch mit der Zeit wundert sich David, daß es so schwierig ist, eine Beziehung aufrechtzuerhalten. Die Frauen gehen wohl einige Male mit ihm aus, doch plötzlich sind sie zu beschäftigt oder auch anderweitig interessiert und haben keine Zeit mehr, sich mit ihm zu treffen. Einerseits ist David stolz darauf, daß er sich nicht mehr herumschubsen läßt. Anderseits fragt er sich, warum die Dinge nicht so laufen, wie er sich das vorgestellt hat.

David hat aus seinen Erfahrungen wahrscheinlich die falschen Schlüsse gezogen. Aus Furcht, wieder herumkommandiert zu werden, will er gleich von Anfang an die Beziehung mit aller Macht beherrschen. Die Frauen wenden sich von diesem dominanten Mann, der die Beziehung total unter seine Kontrolle bringen will, gleich wieder ab. Obwohl David nur verhindern will, wieder herumkommandiert zu werden, entsteht bei den Frauen der Eindruck, daß dieser Mann nach Macht und Kontrolle strebt.

Was man gelernt hat, erweist sich erst dann als gut, wenn man es auch anwendet. Doch was man anwendet, erweist sich erst dann als gut, wenn man die passende Lektion gelernt hat. Es liegt auf der Hand, daß David die falsche Lektion lernte – »Ich war ein Schlappschwanz, jetzt werde ich ein Mann« –, doch seine Versuche, das zu verwirklichen, machen alles nur schlimmer.

Ein Grund dafür, daß David sich der Art seiner Lektion nicht mehr so sicher war, ist seine Vereinfachung des Problems. Für ihn bestand der einzige Grund für das Scheitern seiner Ehe darin, daß seine Frau zu mächtig gewesen war. Auf diese Weise vereinfachen wir oft unsere Probleme, wenn wir frühere Beziehungen bewerten. Das eigentliche Problem lag nicht darin, daß seine Frau zu mächtig und er zu angepaßt war. Sie lagen einfach auf verschiedenen Wellenlängen und waren nicht in der Lage, ihre Bedürfnisse in angemessener Form darzustellen. Wenn wir durch unsere Erfahrungen zu einer Lösung gelangen wollen, ist es nützlich, sich den Zeitpunkt genau anzusehen, an dem die Kommunikation zusammenbrach, und sich als wichtiges Ziel vorzunehmen, nicht die Oberhand zu gewinnen, sondern gegenseitige Achtung zu wahren. Stellen sie sich vor, welchen Unterschied es für Davids Leben gemacht hätte, wenn er sein Problem von damals folgendermaßen beschrieben hätte: »Ich konnte meine Bedürfnisse nicht gut artikulieren. Wenn meine Frau Forderungen an mich stellte, wußte sie nicht, wie ich das empfand, weil ich es ihr niemals sagte. Mein Schweigen und ihr Geltungsbedürfnis ließen eine Atmosphäre von Widerwillen und Mißachtung entstehen. In Zukunft werde ich meine Bedürfnisse deutlicher zum Ausdruck bringen. Außerdem werde ich versuchen, dies durchzusetzen, ohne mich herumkommandieren zu lassen.«

Bleiben Sie flexibel!

Das Leben bleibt niemals stehen, während wir unsere Probleme eingehend untersuchen. Unsere Umgebung verändert sich fortwährend, und unsere Versuche, die Probleme zu lösen, müssen sich den veränderten Umständen immer wieder neu anpassen. Stellen Sie sich vor, Sie und Ihr Partner hätten sich dazu entschlossen, ein größeres Haus zu kaufen, doch nun verliert einer von Ihnen den Job. Es wäre absurd, sich weiterhin auf den Kauf eines Hauses zu versteifen, ohne dabei zu berücksichtigen, inwieweit Ihre veränderte finanzielle Lage die Situation beeinflussen könnte. Dies ist der springende Punkt, an dem Problemlösungen oftmals scheitern. Ein Partner sagt: »Du hast aber versprochen, daß . . .« oder »Wir haben doch ein Übereinkommen getroffen.« Manche Menschen verwechseln Versprechen mit Unflexibilität. Aber im Gegenteil erfordert ein Versprechen auch zu einem gewissen Grad, daß man sich während des Prozesses der Problemlösung neuen Situationen anpaßt oder auch Kompromisse eingeht.

Jeff und Rebecca ging es rundherum gut bis zu dem Zeitpunkt, an dem sie aus einer Stadt mittlerer Größe im Nordosten in eine Großstadt in Kalifornien umzogen. Rebecca war in einem Studienprogramm an der Universität dieser Stadt angenommen worden, und daher waren sie umgezogen. Es war für sie eine einmalige Gelegenheit, sich auf ihre Laufbahn im Fach Molekularbiologie vorzubereiten. Doch so wie die Dinge sich dann entwickelten, wurde Molekularbiologie das, wofür sie sich am wenigsten interessierte.

Die ganze Stadt war ein einziger Schock. Die Preise waren horrend, das Leben zu hektisch, die Menschen schienen oberflächlich, und das Schlimmste von allem war, daß Rebecca und Jeff nicht mehr miteinander klarkamen. Rebeccas Programm forderte sie so sehr, daß sie äußerst gestreßt war, und Jeff hatte große Probleme, einen Job zu finden.

Der Streß ihres neuen Lebens wurde bald in ihrem allgemeinen Verhalten deutlich, und Jeff und Rebecca fürchteten, daß ihre Ehe bald auseinandergehen würde. Nichts schien ihre Situation zu entspannen, bis sie sich zu einem gemeinsamen Drei-Tage-Anti-Streß-Workshop anmeldeten. In diesem Kurs wurde ihnen der enorme Druck, unter dem sie sich befanden, bewußt. Sie begannen also, die Techniken zum Abbau von Streß anzuwenden, die sie in ihrem Kurs gelernt hatten. Biofeedback erschien ihnen besonders hilfreich. Eine Vielzahl von Entspannungsübungen half ihnen sehr, und mit der Entspannung verbesserte sich allmählich auch ihre Beziehung.

Beziehungen sind unausweichlich mit der Umgebung verbunden, in der sie bestehen. Wenn die Umgebung ungünstig ist, kann die Beziehung darunter leiden. Manchmal liegt das Problem nicht in der Beziehung selbst, sondern in der Unfähigkeit des Paares, sich flexibel auf seine Umgebung einzustellen.

Es gibt viele verschiedene Möglichkeiten, eine Beziehung zu verändern. Umzug, ein neuer Job, Krankheit, finanzielle Umstände oder irgendwelche anderen

Gründe können eine Veränderung herbeiführen. Beziehungsintelligenz erfordert die Bereitschaft des Paares, die Umstände im Auge zu behalten und sie an die Veränderungen anzupassen, die im Leben auftreten können. Eine Beziehung kann sehr schnell scheitern, das heißt, die Liebe ist sehr bald zu Ende, wenn man versäumt, veränderte Lebensumstände zu berücksichtigen.

Vermeiden Sie automatische Reaktionen!

Wenn wir unseren Partner allmählich besser kennenlernen, entwickeln wir häufig Automatismen, mit denen wir den verschiedensten Situationen begegnen. Wir lernen, mit den Stimmungen unseres Partners umzugehen, seinen Bedürfnissen entgegenkommen, kurzum, auf die alltäglichen Höhen und Tiefen zu reagieren. Doch früher oder später bemerken wir vielleicht, daß diese Automatismen, die sich in der Vergangenheit bewährt haben, nun nicht mehr funktionieren. Dafür kann es eine Menge Gründe geben, es bleibt aber eine Tatsache unseres Lebens. Wenn unsere Methoden also nicht mehr funktionieren, müssen wir sie durch neue ersetzen.

Beth wußte immer genau, was sie zu tun hatte, wenn Abe völlig genervt aus der Bank heimkam. Sie machte ihm dann einen Drink, ließ ihm ein heißes Bad ein und schrubbte ihm den Rücken. Einige Menschen finden das vielleicht sentimental, doch Beth war nun schon 20 Jahre lang mit Abe verheiratet, und sie wußte, daß es ihm guttat, so wie er wußte, was ihr guttat.

Beth hatte bestimmt ein Dutzend solcher Methoden,

um mit Abes unterschiedlichen Stimmungen fertig zu werden. Doch nun gab es ein Problem: Heute abend funktionierte es nicht mehr. In letzter Zeit war Abe besonders gestreßt, und Beths Methode zur Beruhigung seiner Nerven funktionierte von Mal zu Mal weniger. Weder Abe noch Beth konnten verstehen, warum diese Methode, die doch immer gewirkt hatte, nun auf einmal versagte. Auch andere Methoden, die Beth in all den Jahren automatisch angewandt hatte, versagten in gleicher Weise. Abe zog sich zurück und wurde teilnahmslos, und Beth machte sich allmählich Sorgen über ihre Unfähigkeit, ihn zu erreichen. Sie fühlte sich völlig verwirrt und unsicher, wie sie ihm entgegenkommen könnte. Sie glaubte schon, daß sie ihre Fähigkeit zur Partnerschaft verloren hätte. Wenn Abe in der Lage gewesen wäre zu sagen, was ihm wirklich fehlte, so hätte er wahrscheinlich zu Beth gesagt: »Ich brauche kein heißes Bad, ich möchte mit dir reden.«

Wir glauben immer, daß wir einander sehr gut kennen und daß unsere Umgangsformen auch in Zukunft gut funktionieren werden. Veränderungen verwirren und verunsichern uns oft. Doch Beziehungsintelligenz verlangt eine Flexibilität, neue Möglichkeiten zu finden, wenn die alten nicht mehr taugen. Beziehungen, die nicht offen für Veränderungen sind, werden mit der Zeit fade, und die Partner entfremden sich zusehens.

Prägen Sie Ihre Umgebung!

Manchmal erfordert Beziehungsintelligenz auch, daß wir mit unserem Verhalten Einfluß auf unsere Umgebung nehmen, anstatt uns selbst an die bestehende Umgebung anzupassen. Dolores hatte acht Jahre lang versucht, sich den ständig wachsenden Forderungen Ralphs anzupassen. Sie bemühte sich, so zu sein, wie Ralph es wünschte. Doch mit der Zeit wußte Dolores nicht mehr, wer sie in Wirklichkeit war. Sie lebte in einer Art Niemandsland, im Schatten von Ralphs starker Persönlichkeit und seinen aggressiven Forderungen.

Endlich entschloß sich Dolores, eine Gelegenheit zu nutzen, um sich gegen Ralph durchzusetzen. Eines Abends, als er von der Arbeit kam, erklärte sie: »Ich habe mich zum Unterricht am College dienstags und donnerstags abends angemeldet.«

Ralph war überrascht. »Warum? Das ist ziemlich ungünstig. Ich soll mich dann wohl auch noch um den Haushalt kümmern, wie? Du bist ganz schön egoistisch.«

Dolores sagte entschlossen: »Du brauchst dich um nichts zu kümmern. Ich bereite dir das Abendessen vor, bevor ich gehe.«

»Und was hast du davon?« fragte Ralph provozierend.

»Ich möchte gern Sekretärin werden«, sagte Dolores. »Die Kinder sind erwachsen, und ich möchte jetzt etwas für mich tun.«

»Ich bin dir wohl nicht gut genug, was?« sagte Ralph, nur halb im Spaß.

»Ich liebe dich, doch du bist nur selten zu Hause.«

»Mir gefällt das nicht«, sagte Ralph, und Dolores bemerkte den drohenden Unterton, der sie bisher immer gebremst hatte. Doch dieses Mal wollte sie sich nicht zurückhalten lassen, es war ihr einfach zu wichtig.

Es war eine Chance für sie, und so begann sie mit dem Unterricht. Zunächst nörgelte er herum, doch zu ihrer Überraschung gewöhnte er sich schließlich an die Vorstellung. Mit der Zeit freute er sich sogar darüber, daß Dolores nun bald ihre finanzielle Last mit ihm teilen würde, zumal beide Kinder auf dem College waren. Voller Stolz erkannte Dolores, daß es nun für sie und ihre Ehe doch noch Hoffnung gab. Sie wußte, daß es nicht ausreichte, sich einfach an die Umgebung anzupassen und sich Ralphs Forderungen zu beugen. Nur als selbständiger Mensch konnte sie auf eine erfüllte Partnerschaft hoffen.

Die Umgebung zu verändern, kann auch erschrekkend sein. Es bedeutet, neues Territorium zu betreten und sich gegen die Forderungen anderer zu sträuben, die es gern sähen, wenn alles so bliebe wie bisher. Doch wenn Anpassung zu nichts führt, sollten Sie überlegen, ob die Zeit gekommen ist, Dinge zu verändern. Es ist wichtig zu wissen, daß Menschen ihre Umgebung ebenso prägen, wie die Umgebung sie prägt.

Akzeptieren Sie Ihre Stärken und Schwächen!

Wir alle haben Stärken und Schwächen. Jeder Mensch scheitert an bestimmten Dingen. Sich in einem Bereich des Lebens clever zu verhalten, bedeutet nicht, auf allen Gebieten kompetent zu sein, da jeder von uns auch Schwächen hat. Wir müssen unsere eigenen Stärken und Schwächen erkennen, aber auch die unseres Partners, und lernen, sie so einzusetzen, daß sie unserer Beziehung nützen.

Carol war mit ihrer Weisheit am Ende, da Chris immer zu spät kam. Ein geregeltes Familienleben war beinahe unmöglich geworden. Wenn Chris die Kinder von der Schule abholen sollte, kam er zu spät. Wenn ihr Sohn zum Baseballtraining gefahren werden mußte, kam er zu spät. Wenn sie beide abends zum Essen eingeladen waren, kamen sie zu spät. Jahrelang hatte Carol versucht, Chris zu ändern, doch ohne Erfolg. Sie empfand sein chronisches Zuspätkommen als fehlende Fürsorge und Achtung gegenüber seiner Familie. Eines Tages verlangte Carol wütend von ihm, daß er früher von der Arbeit heimkommen solle, um die Situation zu besprechen. Doch an diesem Abend kam er so spät wie noch nie. Carol war nun allmählich besessen von Chris Unpünktlichkeit, und er war, um den Streit mit seiner wütenden Frau zu umgehen, unzuverlässiger als je zuvor.

Die Situation wäre vielleicht einfacher gewesen, wenn Carol erkannt hätte, daß die Unpünktlichkeit eine Schwäche von Chris war, die sich in seinem Alter vermutlich nicht mehr ändern würde. Sogar seine Mutter erzählte immer, wie langsam Chris schon als Kind war. Es war nun an der Zeit, daß Carol sich selbst fragen mußte, wie wichtig dieser Fehler für sie war. Sie mußte sich überlegen, ob sie ihr Ziel eher erreichen würde, wenn sie Strategien entwickelte, um sein Verhalten auszugleichen, als aggressiv gegen ihn vorzugehen und wütend zu reagieren, wenn keine Veränderung eintrat. Sie könnte ihm beispielsweise erklären, daß sie nicht eher Essen machen würde, bevor sie nicht sein Auto in der Einfahrt hörte. Oder, daß sie Chris einfach eine frühere Zeit nennen würde, wenn sie zu einer Einladung gingen. Diese Übereinkommen könnten das Problem etwas entschärfen und Carols Beharren auf einer Sache lindern, die für ihre Beziehung nicht von entscheidender Bedeutung war.

Wie erkennt man also, wann man eine Veränderung anstreben und wann man sich lieber anpassen sollte? In einer Hinsicht sollte das Ziel jeder Beziehung sein, fortwährend nach Veränderung und Erneuerung zu streben. Doch das ist angesichts der Unvollkommenheit der Menschen nicht möglich. Manchmal neigen wir dazu, in unserer Beziehung von einem Fehler besessen zu sein und alle positiven Dinge darüber zu vergessen. Wenn wir uns aber nur auf die Schwächen konzentrieren und die Stärken nicht beachten, gerät unser Partner in die Defensive, eventuell verstärkt sich sein negatives Verhalten sogar noch. Niemand wird gern dauernd auf seine Unzulänglichkeiten hingewiesen. Beziehungsintelligenz setzt ein gewisses Verständnis zwischen den Partnern voraus – die Fähigkeit, menschliches Versagen zu verzeihen und gemeinsam die Bedürfnisse beider Partner unter einen Hut zu bringen. Die Mahnung, alles nicht so eng zu sehen, ist hier sicherlich angebracht.

Die folgenden acht Punkte bilden die Grundlage Ihrer geistigen Checkliste. Wenn Ihre Beziehung in einer Krise steckt und Sie sich nicht in der Lage sehen, eine Lösung zu finden, wird Ihnen diese Liste eine Hilfe sein:

1. Haben Sie genügend Hilfe von außen in Anspruch genommen?
   - Haben Sie Rat bei geeigneten professionellen Helfern gesucht?

- Haben Sie versucht, andere Menschen mit ähnlichen Problemen kennenzulernen (über Gruppen, Bücher oder andere Hinweise), und sich ihren Rat angehört?

2. Achten Sie auf Ihr inneres Feedback?
   - Haben Sie an sich Symptome bemerkt, für die Sie keine Erklärung haben, wie ständige Müdigkeit, Kopfschmerzen, Magenschmerzen, Appetitlosigkeit oder Schlafstörungen?
   - Leiden Sie häufig unter Angstzuständen?
   - Hat Ihr Interesse an Sex nachgelassen?
   - Scheuen Sie sich, Ihre Gedanken oder Gefühle auszudrücken?
   - Scheint Ihr Partner von etwas bedrückt zu sein, das er oder sie nicht ausspricht?
   - Stimmt Ihr Partner Dingen zu, auch wenn er oder sie wahrscheinlich etwas anderes bevorzugen würde?
   - Erscheint Ihnen Ihr Partner auffällig angespannt oder besorgt?

3. Haben Sie einmal Ihre Vorstellungen mit denen Ihres Partners verglichen?
   - Können Sie Ihre Vorstellungen deutlich machen?
   - Kennen Sie die Vorstellungen Ihres Partners ganz genau?
   - Haben Sie Ihren Partner schon mal gebeten, Ihnen mitzuteilen, was in ihm oder ihr vorgeht?
   - Können Sie erklären, inwieweit Ihre Vorstellungen sich von denen Ihres Partners unterscheiden?

4. Haben Sie aus Ihren Erfahrungen gelernt?
   - Haben Sie bedacht, inwieweit Ihr Problem mit einem früheren zusammenhängt oder einem Problem Ihrer Vergangenheit ähnelt?
   - Wenn dies so ist, was bedeutet das für Ihr Problem? Folgende Möglichkeiten könnten zutreffen: da ist eine nicht abgeschlossene Angelegenheit aus der Vergangenheit; Sie kompensieren oder reagieren negativ auf frühere Erfahrungen, anstatt sich mit gegenwärtigen Belangen auseinanderzusetzen; Aspekte dieser Art sind in Ihrem Leben immer wieder aufgetreten.

5. Gab es in Ihrer Umgebung in letzter Zeit irgendwelche Veränderungen?
   - Haben Sie oder Ihr Partner eine neue Stelle?
   - Sind Sie umgezogen?
   - War jemand aus Ihrer Familie krank?
   - Sind Sie erst seit kurzer Zeit Eltern?
   - Haben Sie oder Ihr Partner ein neues Hobby?
   - Hat sich Ihre finanzielle Situation verändert?
   - Gab es einen Todesfall in Ihrer Familie?

Wenn Sie irgendeine dieser Fragen mit »ja« beantwortet haben, überlegen Sie, inwieweit diese Veränderung Ihr Problem beeinflußt haben könnte.

6. Reagieren Sie öfter mit Automatismen, auch wenn diese nicht den gewünschten Erfolg bringen?
   - Reagieren Sie auf bestimmte Probleme oder auf Probleme im allgemeinen immer in der gleichen Weise? Reagieren Sie beispielsweise, indem Sie

sich zurückziehen, wütend werden, ihre verletzten Gefühle zum Ausdruck bringen, sich stillschweigend alles gefallen lassen oder indem Sie einfach das Thema wechseln?
- Sind Ihre Reaktionen von einem ganz typischen Verhalten begleitet? Geben Sie sich besondere Mühe, jemandem zu gefallen, ihn oder sie zu verführen oder zu beschenken? Weigern Sie sich zu reden, zu streiten oder das Haus zu verlassen?
- Von welchen Voraussetzungen gehen Sie aus, wenn Sie auf diese Weise reagieren?
- Inwieweit könnten Ihre Voraussetzungen falsch sein?

7. Gelingt es Ihnen nicht, sich zu einer Veränderung durchzuringen?
   - Haben Sie sich schon einmal überlegt, welche Verhaltensweisen Ihr Problem lösen könnten?
   - Könnten Sie das Für und Wider einer dieser Verhaltensweisen darlegen?
   - Sind Sie bereit zu riskieren, daß diese Möglichkeit nicht funktionieren könnte?
   - Sind Sie darauf vorbereitet, eine andere Möglichkeit in Erwägung zu ziehen, wenn die erste Ihr Problem nicht lösen sollte?

8. Versteifen Sie sich eher auf die Schwächen oder auf die Stärken Ihrer Beziehung?
   - Könnten Sie einige positive Eigenschaften Ihres Partners nennen?
   - Könnten Sie Ihre eigenen positiven Eigenschaften nennen?

- Könnten Sie sich vorstellen, inwieweit diese positiven Eigenschaften zur Lösung Ihrer Probleme oder auch zur Bereicherung Ihrer Beziehung beitragen könnten?
- Reagieren Sie oft zu heftig auf ein Problem? Tragen Sie die Bedeutung auf einer Skala von 1 bis 10 ein, die das Problem für Sie hat.

Diese Fragen sollten unbedingt Teil Ihrer Checkliste sein. Sie helfen Ihnen dabei, sich von Ihrem Beziehungsproblem zu lösen. Beziehungsprobleme sind eher fließend als konkret. Man kann jedes Problem lösen, doch oft ist die Lösung eine völlig andere als erwartet. Mit Hilfe Ihrer geistigen Checkliste sind Sie nun in der Lage, Ihre vorgefaßte Meinung beiseite zu legen und sich auf geeignete Verhaltensmöglichkeiten vorzubereiten.

Kapitel 8

Beziehungsintelligenz: Lektion 5

Entlarven Sie die »Schurken der Liebe«!

Schauen Sie einmal hinter die Fassade einer Beziehung, und Sie werden vielleicht ein völlig neues Gesicht entdecken. Die Maske dient uns als Schutz, verdeckt Verletzlichkeit, Schmerz und Angst, die in jeder zwischenmenschlichen Beziehung auftreten. Wir tragen diese Masken nicht wegen unserer schlechten Absichten; oft sind wir uns nicht einmal bewußt, daß wir uns hinter einer falschen Fassade verstecken. Die Masken sind wir – zumindest glauben wir das.

Ich bezeichne diese Masken als »Schurken der Liebe«, da sie der Feind jeder wahren Liebe sind. Bedenken Sie, daß der Schurke kein Mensch mit Maske ist, sondern die Maske selbst. Beziehungsintelligenz bedeutet, daß wir die äußere, unechte Hülle durchdringen müssen, um uns und die, die wir lieben, zu befreien und um angstfrei denken, fühlen und handeln zu können. Es gibt viele verschiedene maskierte Charaktertypen in unserer Welt. Doch einige von ihnen tauchen immer wieder in unseren Liebesdramen auf. Dazu gehören: der alles Beherrschende, der Unschuldige, der Heuchler, der ewig Zögernde, der Konfliktscheue, der Experte, der Jasager, der gerechte Ankläger, der Heimlichtuer und der Vorwurfsvolle.

Wenn wir lernen, den Menschen hinter der Maske zu

erkennen und die wahre Botschaft zu verstehen, die uns sein oder ihr Verhalten mitteilen will, entdecken wir plötzlich Möglichkeiten einer erfüllten Beziehung, die wir niemals vermutet hätten. Betrachten Sie die Eigenschaften des Schurken und überlegen Sie, ob Sie sie in sich oder in den Menschen, die Sie lieben, wiederfinden.

Maske: Der alles Beherrschende

Sichtbare Botschaft:	»Du bist so unfähig und unvernünftig, daß ich gezwungen bin, die ganze Verantwortung zu übernehmen.«
Verdeckte Botschaft:	»Ich habe Angst, daß du aus der Reihe tanzen könntest, daß du etwas tun könntest, was mich verletzt. Ich muß dich kontrollieren, sonst könnte ich dich verlieren.«
Schlußfolgerung:	Gewinn durch Einschüchterung ist kein Gewinn, dies gilt im besonderen für zwischenmenschliche Beziehungen. Einschüchterung tritt in verschiedensten Formen auf, als körperlicher oder auch geistiger Mißbrauch. Sie ist der Ausdruck der Macht eines Menschen über den anderen – mit anderen Worten: Schikane. Ein Mensch, der seine Ziele durch Einschüchterung durchsetzt, will die Beziehung unter allen Umständen beherrschen – meist aus Furcht vor dem, was passieren könnte,

wenn er die Kontrolle lockert. Dieser Mensch glaubt vielleicht, daß seine Methode der Einschüchterung funktioniert, weil sie meist unmittelbar zu Ergebnissen führt. Doch ein Ergebnis, dessen Wurzeln in Angst und Übermacht liegen, ist letztlich destruktiv.

Der Beherrschende mag sein Verhalten damit rechtfertigen, daß er glaubt, sein Partner brauche dies, oder mit der Einstellung: »Du hast mich so sehr herumkommandiert, da hatte ich keine andere Wahl.« Beherrschende Menschen suchen nach verschiedensten Rechtfertigungen für ihr Verhalten; mit der Zeit lernen sie, ihr Verhalten als völlig angemessen zu beurteilen. Der eingeschüchterte Partner kann das wohl eine Zeitlang mitmachen und die Schuld akzeptieren oder zumindest lernen, sein Verhalten so anzupassen, daß es den Partner nicht provoziert.

Warren kann sich nicht mehr daran erinnern, wann er Jana zum ersten Mal schlug. Doch Jana erinnert sich ganz genau. Sie stritten sich gerade heftig darüber, daß Warren nicht bereit war, einige Aufgaben im Haushalt zu übernehmen. Warren bestand darauf, daß er als derjenige, der das größere Einkommen in die Familie einbrachte, sich nicht auch noch mit dem Haushalt beschäftigen könnte. Jana blieb bei ihrer Forderung, auch als Warren sich immer mehr aufregte. Zu Janas äußerster Verwunderung schlug er auf einmal zu. Warren hatte sie niemals zuvor geschlagen, und Jana war schockiert und verletzt. Sie zog sich sofort zurück und lief in ein anderes Zimmer. Warren schätzte sich nicht als brutalen Typ ein, doch er lernte bald, daß er Jana mit körperlicher Gewalt wieder in ihre Schranken weisen konnte, wenn sie sich über irgendetwas schrecklich aufregte. Im Laufe der Jahre schlug er sie regelmäßig, und sie wurde jedesmal gefügig. Schließlich stritt sie sich aus Furcht vor seiner Brutalität überhaupt nicht mehr mit ihm.

Warren glaubt, das Problem sei nun gelöst. Jana habe endlich gelernt, sich angemessen zu verhalten. Doch Janas Schweigsamkeit ist nur das Ergebnis seiner Einschüchterung, es ist keine Zustimmung. Jana wartet nur ab, bis sie genug Geld gespart hat und alleine zurechtkommen kann. Sie plant, Warren dann zu verlassen.

Eine subtile Form der Einschüchterung ist die Demütigung des Partners. Eine gute Beziehung basiert auf der Achtung beider Partner voreinander – vor sich *und* vor dem Partner. Wer den Partner demütigt, zerstört die Beziehung. Wenn der eigene Vorteil wichtiger wird als die Beziehung selbst, gibt es keine Möglichkeit mehr, den für die funktionierende Partnerschaft so wichtigen Respekt vor dem anderen wiederherzustellen.

Scott wuchs in einer rauhen Umgebung auf und wurde notgedrungen ein Meister der verbalen Auseinandersetzung. Heute benutzt er seinen feinen Zynismus im verbalen Streit mit seiner Geliebten Roseann. Er verhandelt nicht, er streitet nicht, er macht einfach alles lächerlich. Er erreicht, was er will, indem er Roseann so lange erniedrigt, bis sie sich minderwertig genug fühlt und schließlich tut, was er sagt.

Roseann kann sich nicht mit dieser Leichtigkeit ausdrücken, und sie hat auch nicht gelernt, angemessen zu reagieren. Im Laufe der Zeit verliert Roseann durch die ständigen erniedrigenden Bemerkungen ihr Selbstwertgefühl. Sie fühlt sich dumm und ungeschickt. Scott mag vielleicht aus ihren Kämpfen als Sieger hervorgehen, doch es bleibt ein leerer Sieg, weil er letztlich Roseanns Vertrauen und ihre Freundschaft verlieren wird. Wenn Sie zu den Menschen in einer Beziehung gehören, die den Partner erniedrigen, fragen Sie sich doch einmal, ob das von ihnen angestrebte Ziel den endgültigen Zusammenbruch von Vertrauen und Achtung rechtfertigt. Wenn Sie selbst erniedrigt werden, so fragen Sie sich, ob Sie es auch weiterhin zulassen werden, daß Sie sich unterwürfig verhalten oder ob Sie sogar glauben, daß diese Erniedrigung gerechtfertigt ist. Erniedrigung ist niemals gerechtfertigt. Sie ist der Feind der Liebe und der Achtung.

Maske: Der Unschuldige

Sichtbare Botschaft:	»Meine letzte Beziehung scheiterte daran, daß ich mir den falschen Partner ausgesucht hatte.«
Verdeckte Botschaft:	»Ich bin für Erfolg oder Scheitern meiner Beziehungen nicht verantwortlich; es hängt alles von dem Menschen ab, den ich gewählt habe.«
Schlußfolgerung:	Es ist manchmal sehr einfach, die Schuld auf den Partner zu schieben, wenn eine Beziehung gescheitert ist. Anschließend neigt man dazu, nach einer neuen Beziehung Ausschau zu halten, die für all das

> entschädigen soll, was man in der vorangegangenen vermißt hat. Wenn Sie gerade eine traumatische Beziehung hinter sich haben, neigen Sie jetzt besonders dazu, nach dem genauen Gegenteil zu suchen.

Melanie hatte sich gerade vom »Falschen« getrennt. Sie beschrieb ihn folgendermaßen: »Eric verkörperte all das, was ich verabscheute. Geld und Macht waren für ihn das wichtigste, und er war bereit, dafür über Leichen zu gehen.« Fest entschlossen, ihren Fehler nicht zu wiederholen, sah sich Melanie nun nach einem Mann um, der das genaue Gegenteil von Eric sein sollte. Zwei Monate nach ihrer Trennung lernte sie Arthur kennen. Sie bemerkte sofort, daß er all das besaß, was sie an Eric vermißt hatte. Arthur erschien ihr so sanft. Für ihn war Geld unbedeutend, und er wollte auch niemals mit Gewalt seine Ziele durchsetzen. Melanie war überzeugt, daß sie aus ihrem Fehler gelernt hatte, und so war sie glücklich, jemanden wie Arthur kennengelernt zu haben.

Doch ein Jahr später erkannte Melanie, daß sie einen schwerwiegenden Fehler gemacht hatte. Die Beziehung war ohne Ziel, ebenso wie Arthur. Er hatte keinen Erfolg in seinem Beruf und war auch noch stolz darauf. Er rühmte sich oft damit, daß er sich niemals überarbeiten würde. Er arbeitete nur zeitweise und war dauernd ohne Geld. Jedesmal, wenn Melanie ihn nach seinen Zielen fragte, sagte er nur: »Wichtig ist nicht, was du tust, sondern wer du bist.« Melanie sah allmählich ein, daß sie auf ihrer Flucht vor Erics ehrgeiziger Welt nun das andere Extrem gefunden hatte. Beides war für sie unerträglich.

Eine Beziehung gegen eine andere einzutauschen, die das genaue Gegenteil ist, bedeutet, vor der Verantwortung für die eigene Rolle in einer Beziehung zurückzuschrecken. Es bedeutet außerdem, daß man Menschen ganz bestimmte Charaktereigenschaften zuordnet und sie mit Etiketten versieht, die man billigt oder mißbilligt. Ähnlich verhält es sich, wenn Menschen ein grundlegendes Urteil über andere auf der Basis ihres Verhaltens in einer einzigen Situation fällen.

Erst zehn Monate nachdem Stan Jennifer kennengelernt hatte, entschloß er sich, mit ihr auszugehen. Sie war Sekretärin in seiner Firma, und er fand sie sehr attraktiv. Er zögerte dennoch, sich ihr zu nähern, da sie sehr formell und für seinen Geschmack ein wenig zu korrekt war. Mit anderen Worten, er glaubte, Jennifer sei nicht sein »Typ«.

Schließlich, nach fast einem Jahr, bat er sie, einfach aus einer Laune heraus, mit ihm auszugehen. Doch zu seiner Überraschung bemerkte er, daß Jennifer ein äußerst warmherziger und interessanter Mensch war, der so gar nichts mehr von der steifen Erscheinung hatte, die er aus dem Büro kannte. Als er dies erwähnte, erklärte ihm Jennifer, daß ihre Zurückhaltung bei der Arbeit lediglich zu ihrer Art gehöre, sich effektiv auf ihre Aufgaben zu konzentrieren.

Manchmal ist das Verhalten in einer bestimmten Situation repräsentativ für das Verhalten in anderen Situationen. Doch oft ist es das nicht. Wenn wir Menschen mit Etiketten versehen, haben wir keine Gelegenheit mehr, sie wirklich kennen- und schätzenzulernen.

Maske: Der Heuchler

Sichtbare Botschaft:	»*Ich* habe berechtigte Gründe, mich derart zu verhalten. Doch *dein* Verhalten beruht auf Charakterschwäche.«
Versteckte Botschaft:	»Wenn es in unserer Beziehung zu Konflikten kommt, so ist das nicht meine Schuld.«
Schluß-folgerung:	Manchmal sind wir uns nicht des Ausmaßes bewußt, in dem wir unser Verhalten und das unseres Partners mit zweierlei Maß messen. Wir glauben beispielsweise, daß unser eigenes Verhalten zum größten Teil von äußeren Einflüssen abhängig ist (»Mein Chef setzt mich ständig unter Druck«). Doch ein ähnliches Verhalten von unserem Partner schreiben wir seinem Charakter zu.

Tammy spürte, daß Al sie feindselig behandelte. Als Folge seiner Feindseligkeit kam es zu zahlreichen Streitereien. Es schien kein Tag zu vergehen, ohne daß sie sich stritten, und obwohl sie Al liebte, war Tammy sicher, daß zu einer guten Beziehung nicht dauernder Streit gehörte. Sie konnte nicht begreifen, warum Al sich ihr gegenüber so feindselig zeigte. Wenn sie einen Streit mit ihm begann, hatte sie immer einen berechtigten Grund. Er hingegen schien ohne jeden Grund zu explodieren.

Wenn man mit Al darüber spräche, würde die Geschichte ganz anders aussehen. Er würde wohl zustimmen, daß er und Tammy dauernd stritten, und daß er von diesen Streitereien ebenso genervt war wie Tammy. Doch laut Al wäre Tammy diejenige, die feindselig ist. Er würde sagen: »Wenn ich feindselig erscheine, so nur deshalb, weil ich auf ihre Art reagiere.«

Niemand ist vollkommen, und die meisten von uns gestehen sich auch Fehler ein. Doch die Menschen sehen ihre Fehler im allgemeinen nur im Zusammenhang mit situationsbedingten Faktoren, während sie die Schwächen anderer als charakterliche Schwäche beurteilen.

Sie können die Maske des frommen Betrügers an seinen Rechtfertigungen erkennen. Wenn Sie sich ständig als Opfer von Handlungen anderer sehen, oder glauben, unfair beschuldigt worden zu sein, weist das darauf hin, daß Sie nicht bereit sind, eigene Verantwortung für Ihr Problem zu übernehmen.

Maske: Der ewig Zögernde

Sichtbare Botschaft:	»In Sicherheit zu leben ist besser, als etwas bedauern zu müssen.«
Versteckte Botschaft:	»Ich habe Angst vor dem, was geschehen könnte, wenn ich eine falsche Entscheidung treffe.«
Schlußfolgerung:	Es gibt Situationen, in denen man abwarten muß, bevor man handelt, beispielsweise wenn die zur Lösung des Problems erforderliche Klarheit noch nicht eingetreten ist. Doch es besteht ein großer Unterschied

zwischen dieser abwartenden Haltung und dem Hinauszögern einer Entscheidung, weil man fürchtet, damit einen bestimmten Lauf der Dinge in Gang zu setzen. Wenn Sie ehrlich glauben, noch nicht alle notwendigen Informationen zu besitzen, sollten Sie sich bemühen, sie schnellstens zu bekommen. Jedoch passiv irgendeinen unbestimmten Zeitpunkt in der Zukunft abzuwarten, an dem Sie Genaueres wissen oder sich sicherer fühlen könnten, ist nur eine Hinhaltetaktik, die zu weiteren Reibereien, aber nicht zu einer Lösung führen wird. Wenn einer oder beide Partner laufend wichtige Entscheidungen hinauszögern, wird die Beziehung stagnieren.

Cheryl glaubt, daß Brian und sie eine Menge Geld durch die Miete verlieren; deshalb möchte sie ein Haus kaufen. Brian sträubt sich gegen einen Umzug. Er stimmt ihr zwar zu, daß ein Haus eine bessere finanzielle Investition sein würde, doch er hat Angst vor dieser Idee. Ein Haus zu kaufen bringt große Verantwortung mit sich, und Brian ist nicht sicher, ob er dazu bereit ist. Er bittet Cheryl, diese Idee eine Weile ruhen zu lassen, bis er sich in seinem neuen Job weiter eingelebt hat. Cheryl ist einverstanden; doch aus der »kurzen Zeit« werden zwei Jahre, und sie scheinen von einem Hauskauf weiter denn je entfernt zu sein. Cheryl hat jetzt die Nase voll. Ihr wird nun klar, daß er wohl ewig zögern wird.

Manchmal reicht schon ein fester Zeitpunkt, um den ewig Zögernden zu entlarven. Cheryl könnte zu Brian sagen: »Laß uns ein Datum festlegen, an dem wir uns entscheiden wollen.« Sollte Brian dies ablehnen, kann Cheryl ihm ein Ultimatum setzen – aber nur, wenn sie sicher ist, daß auch sie es einhalten kann.

Maske: Die Konfliktscheue

Sichtbare Botschaft: »Ich sehe da kein Problem.«

Versteckte Botschaft: »Wenn wir anfangen, über dieses Problem zu diskutieren, müßte ich vielleicht unangenehme Zugeständnisse machen.«

Schlußfolgerung: Verweigerung ist eine Methode, Konflikte zu umgehen, nicht sie zu lösen. So zu tun, als ob ein Problem überhaupt nicht existiert, bringt es nicht zum Verschwinden. In einer Beziehung versäumt es einer der Partner oftmals, die Bedeutung der Belange seines Partners anzuerkennen. Doch wenn ein Partner wegen einer Situation beunruhigt ist, wird diese Situation zum Problem für die Beziehung.

Dean hatte seinen Geschäftskunden zuviel berechnet, und Ruth hat es herausgefunden. Sie ist sehr verwirrt und möchte es mit Dean besprechen. Doch jedesmal, wenn sie ihn darauf ansprechen will, wechselt er das Thema oder geht weg. Er will sich nicht eingestehen, daß der Betrug an seinen Kunden zu einem Problem zwischen ihm und Ruth geworden ist. Er ist der Meinung, daß man Geschäfte und Privatleben trennen sollte. Doch Ruth findet, daß man beides dann nicht mehr trennen kann, wenn es sich um ein Integritätsproblem handelt. Sie glaubt, daß Deans geschäftliche Betrügereien und seine daraus entstandene Weigerung, sich damit offen und ehrlich auseinanderzusetzen, in ihrer Ehe zu unerträglichen Reibereien führen werden. Was ihn betrifft, ist sie nun völlig desillusioniert, und sie fragt sich, inwieweit er in der Vergangenheit ehrlich mit ihr gewesen ist.

Verweigerung ist die am schwierigsten zu durchbrechende Maske; sie ist ein völliges Sich-Verschließen. Verweigerung bringt alle möglichen Arten von Problemen mit sich. Wenn Ihr Partner die Brücke zwischen Ihnen zerstört, so sind Sie vielleicht versucht, durch Drohungen, Rache oder Untergraben das Verhalten des Partners zu beeinflussen. Doch diese Reaktionen werden die Situation nur noch verschlimmern. Es gibt eigentlich keine Möglichkeit, den Konfliktscheuen dazu zu zwingen, seine Verweigerung aufzugeben. Alles, was Sie tun können, ist, diesen Menschen wissen zu lassen, daß Sie ihn als ehrlichen Menschen nicht weniger lieben werden. Tatsächlich wird Ehrlichkeit die Beziehung stärken und nicht schwächen.

Maske: Der Jasager

Sichtbare Botschaft: »Wenn ich nur dieses Mal noch nachgebe, wird sich die Situation bessern.«

Versteckte Botschaft: »Ich habe Angst davor, daß du mich verlassen könntest, wenn ich nicht nachgebe.«

Schlußfolgerung: Lisa packte gerade wieder einmal ihre Koffer, bereit, mit Rick, ihrem Mann, in eine andere Stadt umzuziehen – ihr fünfter Umzug in ebenso vielen Jahren. Beim letzten Umzug hatte Lisa sich geschworen, daß dies ihr letzter sein würde. Doch nun war es wieder einmal so weit; sie hatte erneut zugestimmt. Rick konnte sie sehr gut überzeugen, wenn er ihr erklärte, wie sehr ihm dieser erneute Umzug helfen würde, seine ehrgeizigen Pläne zu erfüllen. »Ich mag diese ewigen Umzüge genausowenig wie du«, machte er Lisa klar. »Doch nur so kann ich vorwärtskommen. Wenn ich einmal im Topmanagement bin, brauchen wir nicht mehr umziehen.« Lisa hatte diese Geschichte schon öfter gehört. Jedesmal, wenn sie umzogen, sagte Rick, daß die neue Position ihn an die Spitze bringen würde.

In der Zwischenzeit ruhte Lisas Laufbahn als Lehrerin; durch die jährlichen Umzüge konnte sie nur unbedeutende Lehrjobs annehmen. Lisa ärgerte sich oft darüber, doch letztlich entschloß sie sich immer wieder, mit Rick umzuziehen, da die Anzeichen immer darauf hindeuteten, daß der nächste Job eine gewisse Beständigkeit mit sich bringen würde.

Lisa beging den »Chamberlain-Irrtum«, was bedeutet, daß man immer wieder nur noch einmal nachgeben will und hofft, daß sich dann das Verhalten ändert. Dieser Irrtum wurde nach dem britischen Premierminister Neville Chamberlain benannt, der Hitler vor dem zweiten Weltkrieg wiederholt Zugeständnisse gemacht hatte. Chamberlain hatte fälschlich angenommen, daß er Hitler zufriedenstellen würde, wenn er nur ein einziges Mal nachgeben würde. Das Ergebnis dieses Irrtums wurde Geschichte.

Lisa beging den gleichen Irrtum. Wenn man sich Ricks Verhalten aus der Vergangenheit betrachtet, hatte sie keinen Anlaß zu glauben, daß sich die Dinge ändern würden. Darüber hinaus hatte sie unvernünftigerweise ihre eigene Karriere geopfert und Rick Zugeständnisse gemacht.

Nachgiebigkeit ist eine Möglichkeit, den häuslichen Frieden zu erhalten. Der Nachgiebige hofft immer, daß es langfristig sinnvoller ist nachzugeben, als sich zur Wehr zu setzen.

Nachgiebige Menschen treffen meist auf aggressive und beharrliche Partner. Bei Leah und Roger war das ebenso. Leah wußte: Wenn sie nur beharrlich genug war, konnte sie alles erreichen, was sie wollte. Nun wandte sie die gleiche Methode in ihrer Ehe an, und es schien zu funktionieren. Zunächst wehrte sich Roger noch, wenn er sich mit Leah auseinandersetzte, doch schließlich entdeckte er, daß es für ihn einfacher war, ihr nachzugeben. Doch jedesmal, wenn er nachgab, hoffte er, daß sich Leah nun endlich zufriedengeben würde.

Jede Beziehung ist ein Geben und Nehmen, doch wenn nur ein Partner allein gibt, ist dies ein ungutes Zeichen für die Beziehung. Der Friede mag wohl beständig sein, doch zu welchem Preis? Ohne größere Diskussionen wird so die Vertrautheit, die Grundlage jeder guten Beziehung, letztlich zerstört.

Wenn Sie in Ihrer Partnerschaft derjenige sind, der

ausschließlich gibt, so müssen Sie lernen, Ihre Rechte durchzusetzen. Das bedeutet manchmal nur, »nein« zu sagen und damit Ihren Partner zu zwingen, Sie ernst zu nehmen. Machen Sie sich selber nichts vor, indem Sie sich sagen, Sie seien ein »angenehmer« Mensch, oder daß es ein Wert in sich sei, harmonisch miteinander zu leben. Wenn Sie nämlich Ihre Gefühle genauer betrachten, so werden Sie erkennen, daß Sie in Ihrem Innersten tiefen Unwillen empfinden. Früher oder später wird daß zu einem Zusammenbruch Ihrer Beziehung führen. Tatsächlich ist es nicht ungewöhnlich, wenn ein Jasager nach vielen Jahren des Nachgebens schließlich zerbricht. Das Syndrom des »Tropfens, der das Faß zum Überlaufen bringt« – ein Ausdruck 20 Jahre langen Ärgers über eine bestimmte Sache – hat schon für viele Paare fatale Folgen gehabt.

Maske: Der Experte

Sichtbare Botschaft:	»Ich weiß, was am besten ist.«
Versteckte Botschaft:	»Ich möchte dir gar nicht zuhören, weil ich meine Vorstellungen durchsetzen will, gleichgültig was du dazu sagst.«
Schlußfolgerung:	Matt ist generell bereit, die Standpunkte anderer anzuhören. In den meisten Fällen sind seine Methoden fair, wenn er und seine Frau Roxanne einen Konflikt zu bewältigen haben. Doch in bestimmten Bereichen scheint Matt von einem unbe-

irrbarem Machtwillen erfaßt zu sein. Dann hört er nicht mehr zu und geht auch keine Kompromisse mehr ein. Gleichzeitig besteht er darauf, daß er auf diesem Gebiet recht hat und erinnert seine Frau daran, »daß er niemals Senior Vizepräsident der Bank geworden wäre, wenn er nicht wüßte, wovon er redet.«

Matt ist nur zu Kompromissen bereit, wenn es ihm nichts bedeutet. Seine rechthaberische Einstellung erniedrigt Roxanne. Es könnte so aussehen, als ob dies nicht allzu viel Schaden anrichten könne; schließlich ist er doch nicht völlig unflexibel. Doch seiner Haltung liegt die Vorstellung zugrunde, daß er entweder besser oder cleverer ist als Roxanne. Was würde es schon bedeuten, wenn er einmal zuhören und für andere Ansichten offen sein würde? Doch er fühlt sich durch Offenheit bedroht und benötigt die Sicherheit, daß er zumindest in einigen Bereichen die Kontrolle hat. Matt erniedrigt nicht nur Roxanne und belastet damit die Beziehung, er nimmt sich selbst die Möglichkeit, seine Persönlichkeit weiterzuentwickeln. Nur durch Zuhören, Teilhaben und Bereitschaft zu Kompromissen können wir in unserem Leben und in unseren Beziehungen wirklich bestehen. Schlecht entwickelt sich, wer als einzigen Laut nur seinen eigenen hört.

Maske: Der gerechte Ankläger

Sichtbare Botschaft: »Ich habe Beweise, die meine schlimmsten Befürchtungen über dich bestätigen.«

Versteckte Botschaft:	»Wenn ich dir traue, werde ich verwundbar.«
Schlußfolgerung:	Negative Vorurteile bringen eine gewisse Bequemlichkeit und eine Art von Sicherheit mit sich. Menschen, die von anderen immer das Schlimmste annehmen, fühlen sich durch ihre Rechtschaffenheit geschützt. Sie sind Meister im Enthüllen von Beweisen, die ihren Verdacht noch stützen; sie wählen immer das schlimmste Szenarium, ohne dem Partner die geringste Chance eines Zweifels zu lassen.

Seit Louise wieder arbeiten ging, war sie an vielen Abenden nicht zu Hause. Sam hatte Louises Rückkehr in den Beruf, nachdem sie fünf Jahre lang wegen ihrer Tochter zu Hause geblieben war, sehr unterstützt. Doch mit der Zeit schwanden Sams Bereitschaft und sein Enhusiasmus. Er stellte die Notwendigkeit, so viele Abende arbeiten zu müssen, in Frage. Er sah auf einmal keinen Grund mehr dafür. Darüber hinaus fiel ihm auf, daß sie, je länger sie in ihrem Job war und je mehr Abende sie bis spät in die Nacht arbeitete, desto weniger Interesse sie an Sex zeigte.

Sam dachte über die Ereignisse der letzten Monate nach, und dabei fielen ihm mehrere Dinge auf: die steigende Anzahl von Nächten, die sie von zu Hause fort war, das nachlassende Interesse an Sex, Louises plötzlicher Aufwand um ihr Aussehen und ihr geringeres Interesse an seiner Arbeit. Je länger er darüber nachdachte, umso überzeugter war er, daß Louise ein Verhältnis haben mußte.

Sam begann, das Verhalten seiner Frau genauer zu beobachten, nach Anzeichen Ausschau zu halten, die auf einen anderen Mann schließen ließen. Tatsächlich fand er einige Hinweise, obwohl sie sehr zweifelhaft waren. Sam plante eine Konfrontation, und als es soweit war, kam es zum Desaster.

Louise war wütend über Sams Verdacht. Sie hakte die einzelnen Vorwürfe von Sams Aufzählung ab: »Natürlich ist es mir wichtig, wie ich aussehe. Natürlich stimme ich zu, wenn mein Chef mich bittet, länger zu arbeiten. Natürlich bin ich nicht immer interessiert an Sex, wenn ich einen anstrengenden Tag hinter mir habe. Als du hart gearbeitet hast, um dich in deinem Beruf zu etablieren, habe ich dich niemals beschuldigt, ein Verhältnis zu haben, nur weil du länger gearbeitet hast und manchmal kein Interesse an Sex zeigtest.«

Sam schämte sich seines Verdachts. Er hatte die Ereignisse mit einem vorgefaßten Urteil betrachtet. Mit unserem Vorurteil suchen wir geradezu nach Beweisen, die unseren Verdacht bestätigen, anstatt ihn zu entlasten. Als Sam einmal der Verdacht beschlichen hatte, daß Louise ein Verhältnis haben könnte, schienen alle Beobachtungen seinen Verdacht zu bestätigen.

Menschen, die darauf aus sind, einen Beweis für ihre negativen Vermutungen zu finden, wollen manchmal nur einen Streit auslösen. Es sind Menschen, die aus einer Mücke einen Elefanten machen, die alles überproportional aufblähen. Indem sie in die Offensive gehen, bleiben sie selbst als Angriffsobjekt verschont. Sie würden sich selbst nie erlauben, so angreifbar und verwundbar zu werden.

Maske: Der Heimlichtuer

Sichtbare Botschaft:	»Was du nicht weißt, macht dich nicht heiß.«
Versteckte Botschaft:	»Wenn ich einen Teil von mir verberge, kann ich mich davor schützen, daß diese Beziehung mir meine gesamte Freiheit raubt.«
Schlußfolgerung:	Viele Menschen glauben, daß Verbundenheit in einer Beziehung Verlust der Freiheit mit sich bringt. Sie sehen sich einem anderen Menschen hilflos ausgeliefert, bis schließlich nichts mehr von ihrer Persönlichkeit übrigbleibt. Geheimnisse für sich zu behalten oder Täuschungen vorzunehmen gibt ihnen ein Gefühl der Unabhängigkeit von dem, was sie als Würgegriff einer Partnerschaft begreifen.

Irgendwann hatte Chuck damit begonnen, Geld vor seiner Frau Shelly zu verstecken. Zu Beginn ihrer Ehe hatten sie sich darauf geeinigt, daß sie über alle größeren Ausgaben miteinander reden wollten. Viele Jahre lang hielt Chuck die Hälfte seines Gehaltes zurück, obwohl er eigentlich nicht so recht wußte, was er mit dem Geld anfangen sollte. Später entdeckte er sein Interesse an Investitionen, und er mußte darauf verzichten, da Shelly damit nicht einverstanden war. Nachdem ihn dies jahrelang frustriert hatte, fand Chuck schließlich eine Möglichkeit, mit dem, was er für Unflexibilität von Shelly hielt, fertig zu werden; er hinterging sie. Er verhielt sich nach außen so, als ob er ihr zustimmte. Doch ohne es ihr zu sagen, tat er immer öfter das, was er wollte. Je länger er dies unbemerkt praktizierte, um so mehr war er versucht, es wieder zu tun. Schließlich führte Chuck ein Doppelleben.

Betrug in einer Beziehung kann sehr kostspielig sein, und ein Betrug führt zum nächsten. Schließlich breitet sich Betrug wie ein Krebsgeschwür aus. Chucks Lügennetz wird immer komplexer, und er hat schon bald keine Übersicht mehr darüber, worin er mit Shelly noch übereinstimmt und was er vor ihr zu verbergen versucht. Mittlerweile ist es für ihn die beste Methode, überhaupt nichts mehr zu erzählen, wenn er nicht auffliegen will. Chuck und Shelly müßten ihr Übereinkommen, Entscheidungen zu treffen, oder besser das, was daraus geworden ist, neu überdenken. Chuck könnte seine Betrügereien damit rechtfertigen, daß sie für ihre Beziehung unbedeutend gewesen sind. Er könnte sogar behaupten, daß sie letztlich auch zu Shellys Wohl beitragen würden, da er ja glaubte, daß sich seine Investitionen einmal auszahlen würden. Doch wenn sich erst einmal ein solches Betrugsmuster in einer Ehe eingeschlichen hat, greift es meist schnell auf andere Bereiche über. Am Ende werden Chuck und Shelly unfähig sein, überhaupt miteinander zu kommunizieren.

Maske: Der Vorwurfsvolle

Sichtbare Botschaft:	»Es ist nicht mein Problem . . . es ist dein Problem.«

Versteckte Botschaft:	»Ich kann meine eigenen Fehler nicht eingestehen, daher beschuldige ich andere Menschen, wenn die Dinge im Leben für mich nicht richtig laufen.«
Schlußfolgerung:	Andere zu beschuldigen, um den eigenen Fehlern und Problemen nicht ins Auge sehen zu müssen, erleichtert uns das Leben nicht im geringsten. Im Gegenteil, es kann uns teuer zu stehen kommen.

Jahrelang hatten Rodney und Hazel Front gegen ihre Mitmenschen gemacht und daher niemals erkannt, daß sie einige ernsthafte Probleme hatten. Rodney war ein starker Trinker und manchmal, wenn sie zum Essen eingeladen waren und er zuviel getrunken hatte, geriet er mit anderen Gästen in Streit. Einmal nahm die Gastgeberin Hazel beiseite und bat sie, Rodney nach Hause zu bringen, da sich die Gäste gestört fühlten. Hazel wurde wütend: »Wie kannst du es wagen, so von Rodney zu sprechen«, sagte sie. »Was sind das für Leute, die nicht ein bißchen Spaß vertragen können?« Sie stürmte mit Rodney davon, und auf dem gesamten Heimweg schimpften sie über die zickige Gastgeberin und deren Freunde, die sich so gar nicht amüsieren konnten.

Rodney und Hazel verhielten sich wie eine Nation, die in den Krieg zieht, um einen inneren Kampf auszutragen. Doch in Wahrheit war Hazel oft heimlich sehr aufgebracht, wenn Rodney zuviel getrunken hatte, aber sie traute sich nicht, ihn direkt darauf anzusprechen.

Rodney und Hazels Verlagerung ihrer eigenen Probleme auf andere als vermeintliches Mittel, ihre Konflikte zu lösen, gab ihnen ein falsches Gefühl der Verbundenheit, das nicht durch die Nähe zueinander zustande kam, sondern durch Distanz und Feindseligkeit anderen gegenüber. Diese Verbundenheit war falsch.

Manchmal vermeiden Menschen, wenn sie in einer Beziehung mit sich ringen, die Selbsterkenntnis, indem sie die Ängste auf ihren Partner projizieren. Anstatt sich mit persönlichen Unfähigkeiten auseinanderzusetzen, wird dieser innere Konflikt nach außen getragen.

Jack traute kaum einem Menschen, und zuletzt kam er zu der Überzeugung, daß er selbst seiner Freundin Becky nicht trauen konnte. Jack war oft auf Geschäftsreisen, und er begann, Becky zwei- bis dreimal am Tag anzurufen, »nur um zu hören, daß alles in Ordnung ist«. Becky war nicht immer zu Hause, wenn Jack anrief, und er war sicher, daß sie sich für andere Männer interessierte. In Wirklichkeit war Becky gar nicht an anderen Männern interessiert, doch sie konnte Jack nicht davon überzeugen.

In der Tat war Jack derjenige, der diese Veranlagung besaß. Sein Mißtrauen gegenüber Becky, ebenso wie sein allgemeines Mißtrauen anderen Menschen gegenüber, war eine Projektion seiner eigenen Unzuverlässigkeit. Wenn er auf Reisen war, trieb er sich häufig herum. Unfähig, den Zusammenhang mit seiner eigenen Untreue zu erkennen, übertrug er sie auf Becky.

Schuld für eigene Gefühle und Handlungen auf den Partner zu übertragen, hilft uns in keiner Weise und trägt nichts Positives zu einer Beziehung bei. Leider fällt manchmal sogar der Partner unbewußt auf diesen »Trick« herein, indem er die Kritik ernst nimmt.

Einmal aß ich gemeinsam mit einer Kollegin und

deren Ehemann zu Abend. Ich war entsetzt über die Art, in der er ihre berufliche Tätigkeit als Dozentin kritisierte. Seine Kritik entbehrte jeder Grundlage; sie war ein äußerst geschätztes Mitglied der Fakultät. Dagegen hatte ihr Mann als Broker an der Börse schon einige Schwierigkeiten in seiner Karriere hinter sich. Mir fiel auf, daß er auf seine Frau die Unfähigkeiten übertrug, die er sich selbst nicht bereit war einzugestehen. Unglücklicherweise nahm meine Kollegin die Kritik ihres Mannes ernst. Ich befragte sie später einmal danach, und sie gab zu, daß sie oft an ihren Fähigkeiten zweifelte. Da sie nur wenig Selbstvertrauen besaß, glaubte sie allmählich das, wofür ihr Mann sie kritisierte, und sie bekam es immer dann zu spüren, wenn er mit seiner eigenen Karriere zu kämpfen hatte.

Durchschauen Sie die Maske!

Wie erkennt man eine Maske? Jede Maske hat bestimmte Eigenschaften, die uns verläßliche Rückschlüsse auf die eigentliche Botschaft geben. Wir erkennen einige oder auch alle Eigenschaften, wenn die Maske aufgesetzt ist. Erinnern Sie sich daran, daß die Masken bestimmte Verhaltensmuster darstellen, nicht aber Menschentypen. Ein Mensch kann mehr als eine Maske tragen oder auch eine Kombination von Masken. Das Ziel dieser Übung ist nicht etwa, Sie gegen Ihren Partner zu bewaffnen. Ihren Partner beispielsweise als Heuchler zu beschimpfen, ist nicht besonders sinnvoll und außerdem auch nicht korrekt. Konzentrieren Sie sich also darauf, Eigenschaften zu erkennen, nicht Urteile zu fällen.

Die Maske	*Ihre Eigenschaften*
Der alles Beherrschende:	– droht mit Strafen; – gelangt durch Bestechung zum Ziel; – bestraft durch körperliche und/oder geistige Gewalt; – setzt die Handlungen, Meinungen und Gefühle des Partners herab; – fällt negative Urteile; – erwartet, daß man sich seinen Vorstellungen anschließt.
Der Unschuldige:	– versieht seine Mitmenschen mit Etiketten; – fällt wichtige Urteile auf der Basis oberflächlicher Angaben; – verhält sich herablassend oder überheblich; – ist unflexibel; – verallgemeinert gern.
Der Heuchler:	– entschuldigt sich dauernd; – verhält sich herablassend und überheblich; – nimmt meist das Schlimmste von seinen Mitmenschen an; – fühlt sich oft als Opfer der Handlungen seiner Mitmenschen; – rechtfertigt sich meist mit den äußeren Umständen, um sein/ihr Verhalten zu erklären; – kann keine Kritik annehmen.

Der ewige Zögernde:
- kann nur schwer seine Aufgaben erfüllen;
- möchte dauernd recht haben;
- bevorzugt Verträge und Absicherungen auf Vertrauensbasis;
- macht nicht gerne Pläne;
- sucht immer weiter nach Informationen;
- kann nicht verlieren.

Der Konfliktscheue:
- kann selten seine/ihre Gefühle äußern;
- ist verschlossen und in sich gekehrt;
- haßt Auseinandersetzungen;
- glaubt, daß die Probleme nur »in den Köpfen der Menschen existieren«;
- hat Angst vor Vertrautheit.

Der Jasager:
- stimmt immer zu;
- benötigt ständige Versicherungen, daß er/sie anderen gefällt;
- stellt sich ganz auf die Bedürfnisse des Partners ein;
- haßt Streit;
- hat wenig Selbstvertrauen.

Der Experte:
- beginnt seine Aussagen meist mit »Ich«;
- dominiert meist in Unterhaltungen;
- bagatellisiert die Handlungen, Meinungen und Gefühle des Partners;

- bekundet dauernd, daß er *die* Lösung hat;
- fühlt sich anderen überlegen;
- prahlt mit seinen Leistungen;
- fühlt sich durch andere bedroht, die scheinbar mehr Wissen besitzen.

Der gerechte Ankläger:
- grübelt viel;
- überinterpretiert viele Dinge;
- haßt Veränderungen;
- braucht Beweise, um seine/ihre Meinung zu stützen;
- fühlt sich unsicher;
- geht oft vom Schlimmsten aus;
- hat viele Vorurteile.

Der Heimlichtuer:
- ist meist ruhig und zurückgezogen;
- stimmt Dingen zu, ohne sie überhaupt zu überdenken;
- verhält sich defensiv, sobald er/sie konfrontiert wird;
- wird nervös, wenn Menschen versuchen, Nähe zu zeigen;
- zeigt selten oder nie Gefühle.

Der Vorwurfsvolle:
- fühlt sich oft als Außenseiter;
- glaubt, daß niemand ihn/sie versteht;
- fühlt sich anderen überlegen;
- gibt selten oder nie zu, daß er einer Aufgabe nicht gewachsen ist;
- beschuldigt, statt Gefühle auszudrücken.

Beziehungsintelligenz ist nicht manipulierend. Sie bedeutet nicht, die Oberhand in einer Beziehung zu erhalten oder zu versuchen, durch Einschüchterung und Täuschung zu »gewinnen«. Dies sind keine cleveren Taktiken, und als solche würden sie letztlich auch scheitern. Beziehungsintelligenz ist der Versuch, in einem Kontext von Offenheit und gegenseitigem Respekt Lösungen zu finden. Sie bedeutet die Bereitschaft, Kompromisse einzugehen und sicherzustellen, daß die Lösung beiden Partnern gerecht wird. Masken, die manche Menschen leider tragen, stören diesen Ablauf. Man kann diese Masken als unnötige Verschwendung unserer Fähigkeiten und unserer wertvollen Einzigartigkeit bezeichnen.

Kapitel 9

Beziehungsintelligenz: Lektion 6

Meister der Liebe

Es gibt in der Sufi-Tradition eine Geschichte über einen Mann, der einen alten, unansehnlichen Teppich verkaufen wollte. Er nahm ihn mit auf die Straße und erzählte dem Erstbesten, der vorüberging: »Dies ist ein korsischer Teppich, er ist schon sehr abgetreten.« Der Mann bot ihm an, den Teppich zu einem geringen Preis abzukaufen, doch der Teppichverkäufer wollte dieses Angebot nicht annehmen. Als ein zweiter Mann vorüberkam, sagte er: »Dies ist ein seltener, wunderschöner Teppich. Er ist einzigartig.« Der Mann kaufte ihn zu einem hohen Preis. Ein dritter Mann hatte die Verkaufsverhandlungen mit angehört und sagte zu dem Teppichverkäufer: »Bitte, mein Herr, stecke mich in deinen Zauberkasten, in dem man aus einem alten, abgetretenen Teppich einen so wertvollen Gegenstand zaubern kann.«

Die größte Herausforderung der Beziehungsintelligenz ist es, Werte zu erkennen, wo sie nur schwer zu finden sind. Jeder von uns kann die Fertigkeiten entwickeln, die Beziehungsintelligenz ausmachen, doch diese Fertigkeiten sind nur ein Teil der Aufgabe. Die menschliche Liebe zu entdecken ist deshalb so aufregend und gleichzeitig so komplex, weil sie sich ständig verändert. Nichts ist ein für allemal festgelegt. Wir sind dauernd gefordert, altes Überholtes in neues Wertvolles umzuwandeln. Meister der Beziehungsintelligenz zu sein bedarf deshalb über die Kenntnis der Techniken hinaus bestimmte Qualitäten, die die Bereitschaft zur Liebe ermöglichen. Mit diesen Qualitäten wird man nicht geboren, man kann sie sich aneignen. Sie bilden den inneren Kontext, das Fenster, von dem aus man die Ereignisse des Lebens betrachten kann. Wenn Sie diese Qualitäten nicht besitzen oder Schwierigkeiten haben, ihren Wert zu erkennen, so wahrscheinlich aus dem Grund, daß Sie immer noch an den alten Mythen und falschen Vorstellungen hängen, die zum Scheitern Ihrer Beziehungen geführt haben. Sie können kaum »beziehungsintelligent« werden, wenn Sie nicht folgende Qualitäten verinnerlichen:

1. Sie akzeptieren, daß die Zukunft voll von Ungewißheiten ist.
2. Sie erkennen Hindernisse und betrachten sie als Herausforderungen.
3. Sie akzeptieren die Zukunft als vielversprechende Gelegenheit, sinnvolle Chancen wahrzunehmen, ohne Garantie, daß die Dinge perfekt ablaufen werden.
4. Sie sind bereit, den Dingen ihren Lauf zu lassen, wenn sie durch Wachstum und Veränderung beeinflußt werden.
5. Sie glauben an sich.
6. Sie sind bereit, Ihrem Partner Fehler aus der Vergangenheit zu verzeihen und sind offen für die Zukunft.
7. Sie akzeptieren Menschen, wie sie sind, und achten den Wert menschlicher Verschiedenartigkeit.

8. Ihr Verhalten ist mehr von Ihren Hoffnungen als von Ihren Ängsten geprägt.
9. Sie bemühen sich um Geduld und ziehen beständige Werte augenblicklichem Vergnügen vor.
10. Die Belange Ihres Partners sind Ihnen ebenso wichtig wie Ihre eigenen.

Wenn Sie sich noch einmal die Beispiele der letzten Kapitel anschauen, werden sie immer wieder entdekken, daß genau diese Qualitäten entweder vorhanden sind oder fehlen. Betrachten Sie sie als Grundlagen der Beziehungsintelligenz.

Akzeptieren Sie die Ungewißheit!

Beziehungen sind von Natur aus ungewiß. Meist ist es schwierig, genau festzulegen, woran man ist. Einige Menschen können diese Ungewißheit in einer Beziehung als gegeben hinnehmen und bemühen sich, ihre negativen Konsequenzen durch Kommunikation zu vermindern. Doch für andere bedeutet Ungewißheit dauernde Frustration und Unzufriedenheit.

Reuben und Dora gehen aus, um zu feiern. Es ist ihr größtes Fest seit den letzten fünf Jahren. Sie gehen zum Essen in eines der feinsten Restaurants der Stadt und lassen es sich einiges kosten. Nur für Alkohol geben sie kein Geld aus. Beide trinken Kaffee zu ihrem tollen Essen. Was feiern die beiden? Sie feiern das, was wir in unserem Buch »Problemerkenntnis« genannt haben. Vor zwei Monaten hatte Reuben zum ersten Mal an einer Versammlung der Anonymen Alkoholiker teilgenommen und den dort Anwesenden und vor allem sich selber eingestanden, daß er Alkoholiker war.

Reubens Alkoholproblem ist noch nicht gelöst; Reuben und Dora haben noch viel Arbeit vor sich bis der Schaden, den Reubens Alkoholismus in ihrer Ehe angerichtet hat, wieder behoben sein wird.

Fünf Jahre lang lebte Dora mit nicht gehaltenen Versprechungen und verbal gewalttätigem Verhalten. Sie lebte mit der Hoffnung, daß sich die Dinge vielleicht doch noch ändern könnten, daß Reuben doch noch sein Versprechen halten würde, nicht mehr zu trinken. Doch wenn es besser wurde, so nie für längere Zeit. Sie hoffte auch weiterhin, daß der Tag kommen werde, an dem Reuben sein Problem erkennen und etwas dagegen unternehmen werde. Doch sie war ständig auf der Hut.

Eines Tages nahm sie ein Freund mit zu den Anonymen Alkoholikern, einer Organisation, die Alkoholabhängigen und deren Angehörigen helfen kann. Dort lernte sie andere Menschen kennen, die in der gleichen Situation waren wie sie. Sie erkannte, daß sie sich nicht die Schuld an Reubens Krankheit geben durfte, und daß er letztlich selbst für sich verantwortlich war. Nachdem sie diese Versammlungen ein Jahr lang besucht hatte, stellte sich schließlich auch Reuben seinem Problem. Sein Chef hatte ihm angekündigt, ihn zu entlassen, wenn er sich nicht in Behandlung begeben würde.

An jenem Abend ihrer Feier hatte Reuben zwei Monate lang nichts mehr getrunken. Ihr Leben und ihre Ehe hatten sich schlagartig gebessert, doch die Situation war immer noch ungewiß. Dora wußte genau, daß das Leben mit einem genesenden Alkoholiker immer von dieser Ungewißheit begleitet sein würde. Doch sie war bereit, dies als Teil ihres Lebens zu akzeptieren und gemeinsam mit Reuben die Probleme Tag für Tag meistern.

In Reubens und Doras Ehe mag es mehr Ungewißheit geben als in anderen, doch sie existiert in jeder Ehe. Wir können unser Leben und unsere Umwelt nicht immer kontrollieren. Die Fähigkeit, Unwägbarkeiten der Zukunft zu verstehen und zu akzeptieren, gehört zu einer der wichtigsten Qualitäten der Beziehungsintelligenz.

In unserer ersten Verliebtheit machen wir große Versprechungen und glauben auch daran. Wir sagen: »Ich werde dich niemals verlassen«, »Ich werde dich niemals verletzen«, »Ich werde dich immer so lieben«. Wir versuchen, mit unseren Worten und unserem Willen die Zukunft festzumachen, genauso wie die drei kleinen Schweine, die ihr Haus aus Furcht vor dem Wolf versiegelten. Doch man kann im Leben niemals ganz sicher sein. Menschen, die mit ihrer Liebe zufrieden sind, akzeptieren die Ungewißheit. Sie freuen sich sogar über die unvorhersehbaren Ereignisse des Lebens.

Betrachten Sie Hindernisse als Herausforderungen!

Früher oder später gibt es in jeder Ehe Schwierigkeiten. Es können Probleme finanzieller Art sein, Sie können die Rolle als Eltern betreffen, den Beruf, die Sexualität oder irgend etwas anderes. Menschen, die an ihren Beziehungen wachsen, sind diejenigen, die bereit sind, Probleme als Herausforderungen zu betrachten und nicht als Fehlschläge.

Solange Sie nicht bereit sind, Schwierigkeiten in Ihrer Beziehung als Herausforderungen zu begreifen, werden Sie wahrscheinlich auch nicht sehr zufrieden sein. Außerdem wird Ihre Fähigkeit, mit Schwierigkeiten fertig zu werden, weitgehend davon abhängen, ob Ihr Partner ebenso empfindet wie Sie. Es ist viel einfacher, die Hürden des Alltags gemeinsam zu überwinden, als einem allein die Last aufzubürden. Wenn Sie allein die Last tragen müssen, können Sie von Zeit zu Zeit gewisse Veränderungen erzwingen, doch langfristig wird dies nicht funktionieren. Wenn Sie aber beide dazu beitragen, können sie Ihre Probleme in der Regel meistern. Dies gehört zu den Grundvoraussetzungen einer guten Beziehung.

June und Vern leben seit sechs Jahren mit ihrem Problem. Ihr Sohn Danny ist Autist. Schon sehr früh erkannten sie, daß mit Danny irgend etwas nicht stimmte, doch es dauerte lange, bis sich die Ärzte auf eine Diagnose einigen konnten. Zunächst glaubten sie, daß er sich nur etwas langsamer entwickelte. Dann zog man die Möglichkeit in Betracht, daß er vielleicht geistig behindert war. Doch schließlich kam ein Kinderpsychiater zu der Diagnose, daß Danny autistisch sei. Er besucht jetzt eine Schule, in der man bemüht ist, Autismus durch Verhaltensmodifikation zu behandeln. June und Vern wollten nicht, daß Danny mit Medikamenten behandelt wird.

Dannys Autismus ist eine große Belastung für die Beziehung seiner Eltern. Jeden Tag scheinen neue Schwierigkeiten aufzutreten, die es zu beheben gilt. Manchmal hoffen June und Vern nur noch, um ihre Hoffnung nicht zu verlieren. Sie lieben Danny beide von Herzen, und doch geben sie auch beide zu, daß sie ihn zu bestimmten Zeiten dafür hassen, daß er ihnen das angetan hat. Sie wissen wohl, daß Danny keine Schuld an seinem Problem trägt, doch trotz alledem sehnen sie sich nach einem normalen, friedlichen Leben.

Schließlich haben sie beschlossen, daß ihnen nur ihre Verbundenheit helfen kann, über vieles hinwegzukommen. Sie haben sich darauf geeinigt, in guten wie in schlechten Tagen zusammenzuhalten. Auch wenn es wieder einmal schlecht geht, halten sie sich an ihre Vereinbarung. Sie haben sich vorgenommen, ihr Kind großzuziehen, ohne zu wissen, was sie erwartet. Sie fühlen sich verpflichtet, sich an ihr Versprechen zu halten. Sie betrachten die Krankheit ihres Sohnes als Herausforderung, der sich die gesamte Familie stellen muß, und nicht als unüberwindliche Hürde. In vielerlei Hinsicht bemerken sie, daß ihr gemeinsamer Kampf sie näher zueinander gebracht und ihr Leben ungeheuer bereichert hat.

Probleme als Herausforderung zu betrachten ist keine stoische Haltung. Es bedeutet nicht einfach, die Zähne zusammenzubeißen, sondern hat einen tieferen Sinn im Leben, beispielsweise sich zu fragen: »Welche Bedeutung hat dieses Problem? Kann es für mich vielleicht sogar wertvoll sein?«

Akzeptieren Sie die Zukunft!

»Wer nicht wagt, der nicht gewinnt«, heißt ein altes Sprichwort. Wer in einer Beziehung Erfüllung finden will, muß auch für Neues offen sein. Wir müssen bereit sein, neue Möglichkeiten auszuprobieren, die in der

Zukunft auf uns zukommen werden. Wer in der Gegenwart verharrt und mit einem Auge nach der Vergangenheit schielt, wird zwar nicht im üblichen Sinne verletzbar sein, doch auch nicht am wirklichen Leben teilhaben.

Die Zukunft zu akzeptieren bedeutet nicht, sich wie ein Stuntman bei jeder Gelegenheit in ein Abenteuer zu stürzen. Als Abenteurer wird man nicht unbedingt ein Meister der Liebe. Die Herausforderung besteht nicht darin, Risiken zu suchen, sondern sie dann zu akzeptieren, wenn sie sich uns stellen.

José befindet sich in einer Krise. Nach seiner Scheidung wollte er nicht wieder heiraten und hatte zehn Jahre lang dauernd wechselnde Beziehungen. Doch im letzten Jahr traf er sich, ganz gegen seine Gewohnheit, mehr oder weniger regelmäßig mit Carmen. Er war glücklich mit ihr, und er hatte auch kein Verlangen nach anderen Frauen. Anderseits zögerte er, aus dieser lockeren Beziehung etwas Ernsteres werden zu lassen. Doch Carmen erwartet mehr von ihm, und so hat sie José darauf angesprochen. Auf der einen Seite fühlt sich José bedrängt, auf der anderen Seite versteht er auch Carmens Einstellung. Er weiß, daß sie nach einem Jahr das Recht auf eine engere Bindung hat. Er spürt auch, daß ihre Beziehung trotz einiger Fehler in Ordnung ist. Doch er fragt sich, ob er das Risiko eingehen und sich enger an Carmen binden soll.

Carmen macht ihm vorsichtig klar, daß er zwar glaubt, *noch* nicht für eine ernste Bindung bereit zu sein, daß er in Wahrheit jedoch Angst vor dem Risiko hat, das es immer und in jeder Beziehung gibt. Sie weist ihn darauf hin, daß er sich niemals hundertprozentig sicher fühlen könne, und daß er, wenn er sich eine gute

Beziehung wünscht, bereit sein müsse, ein gewisses Risiko in Kauf zu nehmen. Carmens Erklärungen haben José an der richtigen Stelle getroffen. Er beginnt, sich darüber Gedanken zu machen, welches Risiko er auf sich nähme, wenn er sich binden würde, und er beschließt, daß Carmen dieses Risiko wert ist. Er möchte sie nicht verlieren und sein Leben nicht damit verbringen, sich über die gute Gelegenheit zu ärgern, die er verpaßt hätte.

Nachdem sich José einmal zu dieser Entscheidung durchgerungen hat, merkt er, daß ihm eine große Last von den Schultern genommen ist. Er sieht ein, daß die Zukunft das Leben bestimmt. José hat sich für die Zukunft enschieden und auf diese Weise seine Ängste besiegt.

Akzeptieren Sie Wachstum und Veränderung!

Wirklich kreative Menschen verändern sich ständig. Sie begreifen das Leben als dynamischen Prozeß und das Verharren als Stagnieren. Der Mythos »... und sie lebten von nun an glücklich und zufrieden« leugnet die Notwendigkeit von Wachstum und Veränderung. Das Leben und vor allem Beziehungen erfordern dauernde Erneuerungen, manchmal ändern sie sich sogar grundlegend. Eine erfüllte Beziehung fürchtet weder Veränderung noch Wachstum.

Die Gefahr, sich auseinanderzuentwickeln, besteht in jeder Beziehung. Wenn man sich kennenlernt, glaubt man zunächst, gut zueinander zu passen und miteinander auszukommen, da man sich zu einem Zeitpunkt getroffen hat, an dem sich die Bedürfnisse decken.

Doch es ist ebensogut möglich, daß uns der Mensch, den wir jetzt attraktiv finden, zu einem anderen Zeitpunkt unseres Lebens, an dem sich die beiderseitigen Bedürfnisse nicht entsprochen hätten, gleichgültig gewesen wäre. Es ist für uns wichtig zu begreifen, daß die Nähe, die wir augenblicklich empfinden, nicht unbedingt bestehen bleibt und nicht ohne Schwierigkeiten erhalten werden kann. Die wohl schwierigste Aufgabe einer Beziehung ist, sich miteinander und nicht auseinander zu entwickeln. Um dies zu erreichen, muß man so viel Kommunikation, Unterstützung und Mitgefühl wie möglich in die Beziehung investieren.

Ron spricht öfter darüber, daß er vom Leben ungerecht behandelt wurde. Er glaubt, daß er vom Pech verfolgt sei. Er wuchs in ärmlichen Verhältnissen auf und wurde daher niemals von anderen Kindern oder seinen Lehrern respektiert. Seine Eltern konnten ihm nie die Dinge ermöglichen, die für seine Klassenkameraden selbstverständlich waren. Als er zwölf war, verließ sein Vater das Haus und brach jeden Kontakt zu ihm ab. Seine Leistungen in der Schule waren mäßig, jedenfalls nicht gut genug, um zur Universität zu gehen; deshalb ging er auf ein Junior College. Auch dort blieben seine Leistungen unter dem Schnitt, den er zur Aufnahme an einer Universität gebraucht hätte. Als er schließlich einen Job suchte, hatte er Pech bei den Vorstellungsgesprächen und bekam so niemals den Job, den er sich gewünscht hatte. Frauen respektierten ihn ebensowenig, besonders dann nicht, wenn er ihnen – was er sehr gerne tat – von seinem unglücklichen Leben erzählte. So endete jede Beziehung nach wenigen Verabredungen.

Ron ist ein gutes Beispiel für jemanden, der in seiner

Vergangenheit verharrt. Er möchte im Leben gerne weiterkommen und eine dauerhafte Beziehung zu einer Frau aufbauen. Doch er ist nicht bereit, sich weiterzuentwickeln. Seine Vergangenheit bildet eine Art Schranke zwischen ihm und den noch offenen Möglichkeiten der Zukunft. Er fühlt sich in keinster Weise für seine Fehler aus der Vergangenheit verantwortlich, sie sind ihm einfach »passiert«, es war »Pech«. So bleibt sein Leben erfolglos.

Ron könnte sich jemandem zuwenden, der wie er glaubt, vom Leben benachteiligt worden zu sein. Doch die Beziehung wäre von Anfang an gefährdet. Seine Partnerin könnte sich ohne ihn weiterentwickeln und von ihm fortgehen, oder aber beide könnten ihre Vergangenheit als Entschuldigung für die Probleme in ihrer Beziehung benutzen, und sie würden gemeinsam in ihren Problemen versinken.

Die Bereitschaft, sich weiterzuentwickeln und Verantwortung für das eigene Leben zu übernehmen, ist die Grundlage einer erfüllten Beziehung. Darüber hinaus ist es eine Voraussetzung für die Fähigkeit, produktiv zu leben. Wenn wir in unserer negativen Vergangenheit steckenbleiben, haben wir keine Chance, vom Leben belohnt zu werden.

Glauben Sie an sich!

Jeder von uns wird im Laufe einer Beziehung viele Male an seiner Meinung, vielleicht sogar an seinem Verstand, zweifeln. Es könnte auch sein, daß man den Glauben an sich zu verlieren droht und zweifelt, ob man die richtigen Entscheidungen getroffen hat. Natürlich ist es unmöglich, in einer engen Beziehung zu einem anderen Menschen zu leben, ohne Fehler zu machen. Doch die wichtigste Lektion über Intelligenz lehrt uns, daß nicht die Menschen clever sind, die niemals Fehler machen, sondern diejenigen, die etwas aus ihren Fehlern lernen. Der letzte Test zur Beziehungsintelligenz soll zeigen, was Sie aus Ihren Fehlern gelernt haben und wieweit sie das Gelernte imstande sind anzuwenden.

Die Fähigkeit, sich von seinen Fehlern zu distanzieren und sie objektiv zu betrachten, ist eine wichtige Fertigkeit, die entwickelt werden muß. Letztlich sind Sie nun einmal die Person, die Sie sind, nicht nur durch Ihre Erfolge, sondern auch durch Ihre Schwächen. Doch ob Sie nun erfolgreich sind oder versagen, Sie sollten zu Ihren Überzeugungen stehen und den Glauben an sich nicht verlieren. Wenn Sie nicht mehr an sich glauben, können Sie nicht erwarten, daß irgend jemand anders an Sie glaubt.

Ben war seit einem Autounfall mit Mitte zwanzig querschnittsgelähmt. Vor seinem Unfall war er sportlich, aktiv, kraftvoll und lebhafter als jeder andere gewesen. Er und seine Frau Mary führten eine Art Bilderbuchehe. Sie fühlten sich unverwundbar, so als könnten sie alles im Leben erreichen. Der Unfall veränderte zunächst einmal alles. Ben fiel in eine tiefe Depression; doch dann verwandelte sie sich in Zorn. Er hatte sich im Leben auf so vieles gefreut, jetzt glaubte er, all das verloren zu haben. Er grübelte verbittert über sein ungerechtes Schicksal. Es gab jedoch zwei Dinge, die ihm halfen. Zum einen fühlte er in seinem Innersten einen festen Glauben an sich. Zum anderen glaubte auch Mary an ihn. Ein Jahr nach dem

Unfall war Ben über seine Depression hinweg. Seine Arbeit in der Werbung, die immer schon kreativ war, wurde noch kreativer, und nach kurzer Zeit wurde er in seiner Firma befördert. Seine Beziehung zu Mary wurde durch ihren gemeinsamen Kampf immer enger. Ben erkannte, daß er noch viel vom Leben erwarten konnte und selbst auch in der Lage war zu geben. Er fand Möglichkeiten, mit seiner Behinderung umzugehen, und lernte, das Beste aus seiner Situation zu machen. Dies war möglich, weil sein eigener Glaube an sich andere dazu brachte, ebenfalls an ihn zu glauben.

Das Geheimnis seines Erfolges lag in Bens Fähigkeit, seine leblosen Beine von seinem Wert als menschliches Wesen zu trennen. Seine Beine bestimmten nicht seinen Wert; sie machten ihn nicht mehr oder weniger kreativ. Ben erkannte, daß seine Qualitäten als Mensch außerhalb seines Rollstuhls existierten. Es war eine mutige Schlußfolgerung und letztlich auch eine, die sein Leben und die Beziehungen zu anderen Menschen bereicherte.

Verzeihen Sie Ihren Mitmenschen!

Ich kenne Menschen, die sich damit rühmen, niemals auch nur die kleinste Kränkung zu vergessen oder zu vergeben. Sie besitzen eine Art photographisches Gedächnis für Beleidigungen oder Fehler und warten monate-, manchmal auch jahrelang auf eine Gelegenheit, sich zu rächen. Andere rächen sich passiv, erinnern den Menschen, der sie verletzt hat, immer wieder an sein Verhalten. So belasten sie oft auf Jahre die Beziehung.

Howie und Dot führen eine gute Ehe. Sie könnte wirklich unbeschwert sein, gäbe es da nicht Dots außerordentlich gutes Gedächtnis und die Art und Weise, wie sie es nutzt. Sie registriert beinahe alles, was Howie jemals falsch gemacht hat, und zu ganz bestimmten Gelegenheiten erinnert sie ihn ganz bewußt daran. Sie möchte Howie auf diese Weise kontrollieren, doch der tatsächliche Effekt ist, daß die Vertrautheit zwischen ihnen abnimmt. Howie hält sich zurück, aus Furcht, wieder einmal an zurückliegende Verhaltensweisen erinnert zu werden.

Da wir alle von Zeit zu Zeit Fehler machen oder auch Dinge tun, auf die wir nicht gerade stolz sein können, ist Vergeben die zentrale Dynamik einer erfüllten Beziehung. Wir sollten uns fragen: Was nutzt es, immer wieder die alten Klagen aufzufrischen? Warum müssen wir es unbedingt jemandem heimzahlen? Viele Menschen fürchten, als »Schlappschwanz« zu gelten, wenn sie sich nicht für frühere Kränkungen rächen. Sie nehmen an, daß man sie völlig überrumpelt, wenn sie auch noch die andere Wange hinhalten. Doch in Wirklichkeit ist die Fähigkeit zu vergeben ein Zeichen von Stärke. Vergebung öffnet die Tür zu positiver Veränderung; Rachegedanken verschließen diese Tür. Dots ständiges Herumnörgeln an seinen alten Fehlern hat Howie zynisch werden lassen. Er hört ihr überhaupt nicht mehr zu, wenn sie ihn kritisiert. Der Grund liegt darin, daß sie in ihrer Kritik keine Achtung vor ihm zeigt und darüber hinaus keine Möglichkeit zur Lösung ihrer Probleme bietet.

Wenn Sie ihrem Partner einen Fehler aus der Vergangenheit nur schwer verzeihen können, sollten Sie einmal darüber nachdenken, was Ihr eigentliches Ziel ist. Sind Sie an einer erfüllten Beziehung interessiert, oder wollen Sie Ihren Partner eher bestrafen, ihn vielleicht sogar leiden sehen? Ihre Antwort auf diese Frage trägt ganz entscheidend dazu bei, ob Sie Ihre Konflikte bewältigen und sich in Ihrer Beziehung entwickeln können.

Akzeptieren Sie andere, wie sie sind!

Die meisten Menschen haben zumindest unterbewußt den Wunsch, andere zu kontollieren. Wir stellen uns vor, wie wir unsere Mitmenschen gern sähen, und versuchen dann, bewußt oder unbewußt, sie nach dieser Vorstellung zu formen. Einige dieser Versuche, die wir unternehmen, sind durchaus positiven Ursprungs. Doch wir erwarten allzuoft von anderen, daß sie so sind, wie sie nun einmal nicht sind. Manchmal verlieben sich Menschen in ein Bild, nicht in die Realität. Sie halten ihrem Partner ständig vor, daß er nicht so ist, wie sie es sich vorstellen, obwohl er niemals so war.

Niemand wird jemals den nach seiner Vorstellung idealen Partner finden. Sie sollten lieber jemanden suchen, dessen Schwächen Sie am ehesten bereit sind zu akzeptieren, so wie Sie hoffen, daß er oder sie Ihre Schwächen toleriert. Das bedeutet nicht, daß Sie nicht trotzdem versuchen sollten, anderen Menschen dabei zu helfen, sich zu ändern. Doch Sie müssen begreifen, daß Veränderungen nicht von außen erzwungen werden können; sie müssen von innen kommen.

Sarah glaubt ebenso wie die meisten von uns, daß jeder Mensch das Recht hat, so zu sein, wie er ist. Doch anderseits hat sie ganz bestimmte Erwartungen an andere, und wenn sie diese nicht erfüllen, versucht sie früher oder später, sie zu ändern. Sie verliebte sich in Jim, einen Musiker, dessen lockerer Lebensstil ihr von Anfang an nicht gefiel. Sie erwartete, daß er sich irgendwo niederließ und einer geregelten Arbeit nachging; sie konnte Jim nicht akzeptieren, so wie er war. Die ersten Jahre ihrer Ehe waren sehr stürmisch, denn Jim widmete sich weiterhin seiner Musik, und Sarah versuchte immer wieder, ihn zu einer soliden Karriere zu überreden. Man könnte nun fragen: In wen hatte sich Sarah eigentlich verliebt? Jedenfalls nicht in Jim, so wie er war, sondern in einen Jim, wie sie ihn sich wünschte. Sie liebte den wahren Jim nicht.

Manchmal sind wir in unserer ersten Verliebtheit so verwirrt, daß wir den tatsächlichen Menschen nicht mehr erkennen. Wir vergessen wichtige Fragen, wie etwa: Paßt dieser Mensch mit seinen Zielen und seinem Lebensstil zu mir? Die Entscheidung für einen Menschen ist gleichzeitig auch die Entscheidung dafür, ihn so zu akzeptieren, wie er ist.

Bleiben Sie optimistisch!

Ein halb leeres Glas ist auch ein halb volles Glas. Die eine oder andere Beschreibung ist ein Zeichen für Ihren inneren Optimismus. Es ist viel einfacher und meist auch befriedigender, mit einem Menschen zu leben, der das Glas halb voll sieht. Wir können fast jedes Ereignis mehr positiv oder auch mehr negativ auslegen. Wenn Sie jede Unstimmigkeit gleich zu einem größeren Konflikt und jedes Unglück zu einer Katastrophe werden lassen, wenn Sie hinter jedem schönen Ereignis schon gleich das nächste Tief befürchten, werden Sie nicht nur selbst deprimiert, sondern mit der Zeit auch ihre Mitmenschen.

Francine ist ein Meister darin, aus einem Sieg eine Niederlage zu machen. Gleichgültig was geschieht, sie findet einen Grund zur Kritik. Als sie und Kenneth sich ein neues Auto kauften, sagte sie gleich vorher, daß sich dieses Auto als Montagsauto herausstellen würde. Jedesmal, wenn etwas mit dem Auto nicht in Ordnung war, und das kam nicht allzu oft vor, war sie geradezu entzückt darüber und erinnerte Kenneth an ihre Vorhersage. Kenneth arbeitete hart, und als er eine Lohnerhöhung von 10 % bekam, fragte sie sofort, warum er nicht mehr bekäme. Jedesmal, wenn die Kinder mit guten Noten nach Hause kamen, tadelte sie, daß die Noten hätten noch besser sein können.

Francines Argument wäre wahrscheinlich, daß sie sich als realistisch einschätzte. Doch es besteht ein Unterschied darin, ob man die Höhen oder Tiefen des Lebens realistisch beurteilt oder ob man immer nur nach dem Haar in der Suppe sucht.

Einige Menschen erwarten, daß ihnen das Glück in den Schoß fällt. Sie bemühen sich nicht darum und finden es auch nicht in ihrem Leben. Wenn Ihnen jeder Optimismus fehlt, so werden Sie in einer Beziehung wahrscheinlich Schwierigkeiten haben. Beziehungen erfordern immer wieder, daß wir aus unserer Hoffnung heraus handeln und nicht aus unseren Ängsten. Nur so finden wir in jedem Konflikt auch Lösungsmöglichkeiten. Wenn Sie schon von vorneherein nur die schlechten Seiten des Lebens sehen, werden Ihnen sogar die kleinen Alltagssorgen in Ihrer Beziehung schnell über den Kopf wachsen.

Haben Sie Geduld!

Wenn in unserem Leben etwas nicht so läuft, wie wir es gerne hätten, müssen wir oft geduldig abwarten, daß sich die Dinge mit der Zeit von selbst erledigen. Wir leben in einer Zeit, in der die Menschen »Genuß sofort« erleben wollen. Doch manchmal wäre es für uns weitaus befriedigender, wenn wir bereit wären, unsere Bedürfnisse nicht sofort zu befriedigen, sondern die Erfüllung eines Wunsches auch einmal abzuwarten. In Sachen Liebe können wir meist besonders schlecht abwarten. Wir wollen nicht ohne Partner sein, und wenn wir jemanden gefunden haben, den wir mögen, wollen wir uns sofort binden. Auf unserer Suche nach Liebe werden wir von einer Art Verzweiflung getrieben, Angst, uns könnte etwas entgehen und wir blieben für immer einsam zurück.

Nach ihrer Scheidung suchte Anna verzweifelt nach einem anderen Mann. Sie ging auf die 40 zu und glaubte, die Zeit würde ihr davonlaufen. Bald würde sie alt sein und nicht mehr attraktiv genug für einen Mann. So erlebte sie nacheinander mehrere Beziehungen, die aber allesamt nach kurzer Zeit scheiterten. In ihrer Art, die Dinge zu forcieren, verscheuchte Anna die Männer. Schließlich war sie völlig entmutigt und gab ihre Versuche auf, eine Beziehung aufzubauen. Sie zog sich zurück und legte nun mehr Wert auf ihre Interessen. Sie schloß sich einer politischen Organisation an, und mit der Zeit hatte sie einen neuen Freundeskreis. Sie fühlte sich besser und hatte nun Hoffnung für die Zukunft. Sie hatte kaum noch Zeit, sich einsam zu fühlen, und wenn sie über eine Beziehung nachdachte, empfand sie keine Panik mehr.

Zwei Jahre nachdem sie sich der politischen Organisation angeschlossen hatte, befreundete sie sich mit einem Mann, den sie auf einer Versammlung kennengelernt hatte. Das Hauptmerkmal ihrer Beziehung war die gemeinsame Arbeit, doch schließlich wurden auch ihre Gefühle füreinander intensiver. Keiner von beiden drängte auf eine enge Beziehung, sie ließen den Dingen ihren Lauf. Erfüllte Beziehungen entstehen nicht aus Verzweiflung und auch nicht über Nacht. Es erfordert eine gewisse Zeit, die Vertrautheit entstehen zu lassen, die eine Beziehung stark und beständig werden läßt. Der Begriff »Liebe auf den ersten Blick« sollte lieber als »Leidenschaft auf den ersten Blick« bezeichnet werden. Doch Leidenschaft allein ist keine ausreichende Grundlage für eine dauerhafte Beziehung.

Ihre Liebe sollte selbstlos sein!

Wenn ich nach dem häufigsten Grund und der Hauptursache für das Scheitern von Beziehungen gefragt werde, so nenne ich Egoismus. Wir leben im Zeitalter des Narzißmus, in dem die meisten Menschen nicht gelernt oder vergessen haben, auch die Bedürfnisse der anderen zu beachten. Wenn Sie eine Veränderung vornehmen wollen, die Ihre Beziehung buchstäblich über Nacht verbessern soll, sollten Sie einfach die Interessen Ihres Partners ebenso ernst nehmen wie Ihre eigenen. Egoismus bedeutet nicht, daß Sie Ihre Interessen und Bedürfnisse für den anderen opfern sollen. Es ist vielmehr die Fähigkeit, in Ihrer Beziehung ein Gleichgewicht zu schaffen. Sie sollten Ihren Partner respektieren und seine oder ihre Bedürfnisse ebenso wichtig nehmen wie die eigenen. Sie sollten mitfühlend sein, das bedeutet, zu bestimmten Zeiten die Dringlichkeit der Bedürfnisse Ihres Partners zu erkennen und darauf zu reagieren.

Rex und Julia gehören wohl zu den zwei oder drei glücklichsten Paaren, die ich kenne. Ich habe mit ihnen sehr ausführlich über das Geheimnis ihrer Zufriedenheit gesprochen. Sie meinen, daß sie eigentlich kein solches Geheimnis haben, außer vielleicht, daß sie viel für ihre Beziehung tun. Dennoch habe ich an ihnen etwas besonderes bemerkt: sie sind wirklich gleichberechtigt. Wenn ihre Bedürfnisse beispielsweise nicht miteinander vereinbar sind, geht keiner von beiden davon aus, daß der Standpunkt des anderen größere Bedeutung hat. Am deutlichsten habe ich ihre Achtung voreinander erlebt, als es um ihre Karriere ging. Vor acht Jahren hatte Rex als medizinischer Wissenschaftler die Gelegenheit, in einem anderen Bundesstaat an einem bedeutenden Projekt mitzuarbeiten. Sie berieten ausführlich über den Umzug, und Julia, sie ist Rechtsanwältin, entschied sich, ihren Job aufzugeben, da es für Rex eine einmalige Gelegenheit war. Fünf Jahre später bekam Julia ein interessantes Angebot aus einer anderen Stadt. Wieder diskutierten sie die Konsequenzen eines Umzugs. Diesmal stimmte Rex dem Umzug zu. Er war mittlerweile gut etabliert und konnte sicher sein, auch in der neuen Stadt eine gute Stellung zu finden. Er erklärte das folgendermaßen: »Julia hat für mich Opfer gebracht und ist mit mir umgezogen. Jetzt muß ich bereit sein, dieses Opfer auch für sie zu bringen.«

Egoismus beruht meist auf der Furcht der Menschen, eine gewaltige Flut könne ihre gesamte Freiheit und

Persönlichkeit hinwegschwemmen, wenn sie damit beginnen würden, Zugeständnisse zu machen. Ich habe anderseits auch Menschen erlebt, die dauernd die Bedürfnisse der anderen wichtiger nehmen, in der Annahme, ihre eigenen Bedürfnisse seien einer gleichberechtigten Betrachtung nicht wert. Das Konzept der Gleichberechtigung übertrifft beides. Die Selbstlosigkeit ermöglicht es zwei Menschen, auch weiterhin eigenständige Persönlichkeiten zu bleiben, während sie gleichzeitig als Paar zusammenwachsen.

Veränderungen entstehen allmählich, nicht über Nacht. Kaum jemand, der dieses Buch gelesen hat, wird nun sagen: »Ah, ich weiß jetzt, was ich falsch gemacht habe« und morgen als neuer Mensch aufwachen. Doch wenn Sie in einer Beziehungskrise stecken oder feststellen, daß all Ihre Beziehungen letztlich scheiterten, sollten sie darüber nachdenken, ob Ihnen nicht grundlegende Fähigkeiten für eine gute Beziehung fehlen. Finden sie es anhand des nun folgenden Quiz heraus.

Quiz

Meister der Liebe – Besitzen Sie die richtigen Voraussetzungen?

Hinweis: Beurteilen Sie folgende Aussagen mit »richtig« oder »falsch«.

Aussage	*R*	*F*
1. Sie möchten immer im voraus wissen, was in Ihrer Beziehung geschieht.		
2. Sie geben sich erst dann zufrieden,		

Aussage	*R*	*F*
wenn Sie sicher sind, daß Ihre Beziehung gut funktioniert.		
3. Sie akzeptieren die Tatsache, daß Beziehungen voller Ungewißheiten sind.		
4. Sie befürchten ständig, daß Ihre Beziehung nicht von Dauer sein könnte.		
5. Es gibt gewisse Ereignisse in einer Beziehung, über die Sie niemals hinwegsehen könnten.		
6. Sie bemühen sich tatkräftig um Ihre Beziehung, gleichgültig welche Probleme sich Ihnen stellen.		
7. Sie würden sich nicht als Feigling bezeichnen.		
8. Wenn etwas schiefläuft, werden Sie leicht verbittert, weil Sie glauben, Sie hätten es besser verdient.		
9. Man sollte schon zu Beginn einer Beziehung bereit sein, Risiken in Kauf zu nehmen, doch nicht über einen bestimmten Punkt hinaus.		
10. Da nichts im Leben wirklich sicher ist, sollte man immer auf das Schlimmste vorbereitet sein.		
11. Es liegt immer ein gewisses Risiko darin, sich einem anderen Menschen zu öffnen.		
12. Sie befürchten, daß Sie oder Ihr Partner sich verändern und mit der Beziehung nicht mehr zufrieden sein könnten.		

Aussage	*R*	*F*
13. Es ist ganz natürlich, daß man sich verändert und sich im Laufe der Zeit weniger vertraut fühlt.		
14. Sie glauben, daß ein gewisses Maß an Veränderung im Leben notwendig und für die Beziehung wichtig ist.		
15. Sie vertrauen darauf, daß Sie mit den Höhen und Tiefen des Lebens in irgendeiner Form fertig werden.		
16. Es gibt Dinge, die Sie niemals verzeihen könnten.		
17. Wenn Sie auf bestimmte Verhaltensweisen nicht aggressiv reagieren, befürchten Sie, daß die Menschen sie nicht ernst nehmen könnten.		
18. Sie leben lieber Ihr Leben, als Zeit mit Grübeleien zu verschwenden.		
19. Wenn Sie an Ihrem Partner negative Eigenschaften entdecken, versuchen Sie, diese zu ändern.		
20. Sie genießen die Verschiedenartigkeit der Menschen.		
21. Sie sind grundsätzlich optimistisch.		
22. Sie kritisieren schnell Menschen, die nicht gemäß ihrer Möglichkeiten leben.		
23. Auch wenn in Ihrem Leben alles in Ordnung ist, erwarten Sie doch immer, daß etwas schiefläuft.		
24. Sie können schlecht abwarten.		

Aussage	*R*	*F*
25. Sie fühlen sich miserabel, wenn in Ihrer Beziehung die Dinge nicht so laufen, wie sie es gerne hätten.		
26. Manchmal ist die beste Reaktion auf ein Problem, nichts zu tun oder zu sagen.		
27. Die Bedürfnisse Ihres Partners sind ebenso wichtig wie Ihre eigenen.		
28. Sie glauben, daß sich außer Ihnen selbst niemand um Sie bemüht.		
29. Man kann sich einem anderen nicht völlig hingeben, ohne dabei etwas von sich selbst aufzugeben.		

Wertung:

Addieren Sie 5 Punkte für jede »richtige« Antwort zu folgenden Aussagen:

________3	________14	________22
________6	________15	________27
________7	________18	________28
________11	________21	______Total

Addieren Sie 1 Punkt für jede »richtige« Antwort zu folgenden Aussagen:

________1	________12	________24

________2	________13	________25
________4	________16	________26
________5	________17	________29
________8	________19	______Total
________9	________20	
_______10	________23	

Subtrahieren Sie die zweite Summe von der ersten. Dies ist Ihre Punktzahl.
Wenn Ihre Punktzahl zwischen 35 und 55 Punkten liegt, haben Sie viele der für eine Beziehung notwendigen Einstellungen verinnerlicht. Eine Punktzahl zwischen 20 und 35 zeigt, daß Sie in einigen Bereichen Ihres Lebens und Ihrer Beziehungen durchaus positiv eingestellt sind, daß Sie an anderen Stellen aber noch mit bestimmten Fähigkeiten kämpfen, die Ihnen Schwierigkeiten bereiten. Wenn Ihre Punktzahl unter 20 liegt, haben Sie wahrscheinlich dauernd Probleme mit Ihren Beziehungen, von denen sie sich bedroht fühlen und die Sie unzufrieden machen.

Wenn Sie nicht die Fähigkeiten besitzen, die zu einer erfüllten Liebesbeziehung gehören, kann ich Ihnen auch keinen Geheimtip geben, wie man sie erlernen kann. Doch schon das Wissen um ihre Bedeutung und die Bereitschaft, sie zu erlangen, sind ein erster wichtiger Schritt. Vielleicht werden Sie sich schon beim nächsten Anflug von Verzweiflung in Ihrer Beziehung fragen: »Welche Herausforderung stellt sich hier für mich?« Oder aber Sie werden bei der nächsten Gelegenheit, etwas zu ändern, trotz Ihrer Ängste einfach das Risiko wagen. So können Sie Schritt für Schritt all die für eine Liebesbeziehung wichtigen Fähigkeiten in sich aufnehmen und sie Teil Ihres Denkens und Handelns werden lassen.

Kapitel 10

Fragen und Antworten zum Thema Beziehungsintelligenz

Wenn ich Vorlesungen halte oder Untersuchungen leite, fragen mich die Menschen oft nach dem Sinn der Beziehungsintelligenz. Dabei sind mir einige Fragen, die immer wieder auftauchen, besonders aufgefallen. Sie betreffen Bereiche, in denen die Menschen anscheinend die meisten Schwierigkeiten haben.

Sie fordern die Menschen auf, Ihre Vorstellungen genau zu überdenken, doch wenn ich verliebt bin, habe ich keine genauen Vorstellungen. Ich fühle mich dann eher verwirrt.

Wenn Sie sagen, Sie seien verwirrt, drücken Sie damit verschiedene Dinge aus: (1) Sie haben noch nicht die Information, die Sie zu einer Entscheidung benötigen; (2) Sie sind nicht bereit, eine Entscheidung zu treffen; oder (3) Sie trauen Ihren eigenen Vorstellungen nicht oder akzeptieren sie nicht.

Verwirrtheit ist kein Zustand an sich, obgleich viele Menschen glauben, daß man bei Verwirrtheit einfach abwarten sollte, bis einem ein Licht aufgeht. Verwirrtheit bedeutet auch immer, daß ein bestimmtes Handeln erforderlich wird. Wenn Ihnen die nötige Information fehlt, so versuchen Sie, sie sich zu beschaffen. So könnten Sie beispielsweise deshalb verwirrt sein, weil Ihnen eine gewisse Verbundenheit von seiten Ihres Partners fehlt. Ihre Verwirrtheit könnte aber auch ein Zeichen dafür sein, daß Sie zögern, eine Bindung einzugehen, sei es aus berechtigten Gründen (die Sie genauer untersuchen sollten), oder weil Sie eine Verbundenheit fürchten, die von Natur aus ungewiß ist. Vielleicht trauen Sie Ihrer Wahrnehmung deshalb nicht, weil Sie wissen, daß zwischen dem, was Sie sich wünschen und dem, was der Wirklichkeit entspricht, ein gewaltiger Unterschied besteht. Es könnte sein, daß Sie denken: »Ich weiß wohl, daß dieser Mensch für mich nicht der richtige ist, doch ich liebe ihn so sehr.« Wenn dies so ist, so klammern Sie sich an einen romantischen Mythos, der besagt, daß Liebe in erster Linie Ihren Gefühlen für einen anderen entspricht. Betrachten Sie das Gleichgewicht von Leidenschaft, Vertrautheit und Verbundenheit in Ihrer Beziehung. Es wird Ihnen helfen zu erkennen, ob diese Beziehung auch langfristig von Bestand sein kann.

Wiederholen wir nicht ständig die nicht anwendbaren Schemata unserer Vergangenheit? Könnte nicht die »Chemie« mit den »gesunden« Schemata übereinstimmen?

Natürlich sind viele Schemata der Vergangenheit nicht »unangepaßt«. Wir übernehmen Sie als Erwachsene ebenso wie die nicht anwendbaren Schemata. Doch Untersuchungen zeigen, daß das, was wir als »Chemie« bezeichnen, diese nicht anwendbaren Schemata erst zutage bringt. Wir sollten aufgrund all dieser Möglichkeiten die »Chemie« nicht als unberechenbaren, verrückten Aspekt der Liebe idealisieren. Darüber hinaus sollten wir die »Chemie«, die uns mit einem anderen Menschen verbindet, nicht als Zeichen dafür deuten, daß dieser Mensch auch ein guter Partner für uns sein muß.

Ich glaube, daß mein Mann der vertrauteste Mensch in meinem Leben sein sollte. Daher empfinde ich es als Betrug, wenn ich meinen Freunden etwas anvertraue, das ich ihm nicht erzählt habe.

Wenn Sie bestimmte Dinge mit Ihrem Mann nicht teilen können und Sie in Ihrer Ehe echte Vertrautheit vermissen, sind sie zu Recht beunruhigt. Sie sollten sich mit Ihrem Mann direkt auseinandersetzen, um die Ursache herauszufinden und um nicht nach anderen Menschen suchen zu müssen, bei denen Sie die Nähe finden, die Ihnen in Ihrer Ehe fehlt.

Anderseits ist es ganz natürlich und sogar gesund, auch zu anderen eine enge Beziehung zu haben. Sie können durchaus an einem Freund bestimmte Eigenschaften schätzen, die Ihr Mann nicht hat; das bedeutet nicht, daß dies ein Fehler Ihres Mannes ist.

In zahlreichen Beziehungen fühlen sich die Partner durch andere enge Freunde bedroht, doch zu einer erfüllten Beziehung gehören enge Freunde ebenso wie die Familie, und normalerweise beeinträchtigen sie die Beziehung nicht.

Mein Freund ist sehr schweigsam. Ich beobachte zwar seine nichtverbalen Signale, doch ich weiß oft nicht, wie ich sie deuten soll.

Wenn Sie Ihren Partner gut kennen, können Sie sicherlich gewisse Vermutungen zu seinen Signalen anstellen, die Sie schon aus der Vergangenheit kennen. Sie könnten versuchen, auf einem anderen Wege einen Zugang zu ihm zu bekommen. Anstatt zu sagen: »Was ist los?«, worauf er antworten würde: »Nichts«, könnten Sie sagen: »Ich habe bemerkt, daß du dich früher schon so verhalten hast, wenn es ums Geld ging. Könnten wir nicht darüber sprechen?« Dies könnte ihm eine offenere Antwort entlocken. Wenn nicht, und sollte darüber hinaus Ihr Freund seine Gedanken und Gefühle nie mit Ihnen teilen, sollten Sie sich fragen, ob Sie mit ihm überhaupt eine erfüllte Beziehung erleben können. Es fehlt dann die Vertrautheit, eine Schlüsselkomponente jeder starken Beziehung.

Können »intelligente« Menschen eher »beziehungsintelligent« sein?

In meinem Buch *The Triarchic Mind* habe ich Intelligenz durch drei Komponenten definiert: (1) die Fähigkeit, logisch zu denken; (2) gesunden Menschenverstand oder die Fähigkeit, praktische Entscheidungen zu treffen; (3) Verständnis oder die Fähigkeit, kreativ zu denken. Wenn Sie alle drei Komponenten meisterlich beherrschen, sind Sie offener für das Konzept der Beziehungsintelligenz. Wenn Sie beispielsweise immer wieder starre Kriterien in jedem Ihrer Lebensbereiche anwenden, werden Sie dies gewiß auch in Ihren Beziehungen nicht anders machen. Oder wenn Sie kreativ an Ihre Aufgaben herangehen und nicht immer den Standardzugang wählen, so werden Sie wohl in Ihren Beziehungen ebenso vorgehen.

Dabei gibt es jedoch zwei Dinge zu bedenken. Zum einen benötigt man für Beziehungsintelligenz gewisse Voraussetzungen, die für Intelligenz im allgemeinen nicht unbedingt notwendig sind. Dies steht in einem besonderen Zusammenhang mit anderen dynamischen Komponenten wie Einfühlungsvermögen, Mitgefühl, Intuition und Leidenschaft. So könnten Sie beispielsweise kreativ sein, doch ohne Einfühlungsvermögen wäre Ihre Kreativität bedeutungslos.

Zum anderen erfordert Beziehungsintelligenz Interaktion. Nur durch Verbundenheit kann es zur Kooperation zwischen Menschen kommen. Logisches Denken allein bringt Sie deshalb nicht unbedingt zur Lösung Ihres Problems, doch kann die Vernunft manchmal dazu beitragen.

Glauben Sie, daß in einer idealen Beziehung die drei Komponenten Vertrautheit, Leidenschaft und Verbundenheit im ausgewogenen Verhältnis zueinander stehen sollten?

Nichts im Leben ist vollkommen ausgewogen. Vertrautheit, Leidenschaft und Verbundenheit verändern sich in einer Beziehung ständig, nehmen immer wieder einen anderen Stellenwert ein. Doch in einer dauerhaften Liebesbeziehung werden die Partner die Bedeutung aller drei Komponenten erkennen und darauf

Wert legen, sie zu entwickeln. Die Bedeutung des Liebesdreiecks zu verstehen hilft vielen Paaren, den Zustand ihrer Beziehung zu jedem Zeitpunkt richtig einzuschätzen und zu erkennen, was ihrer Partnerschaft fehlt. So bleibt die Situation überschaubar. Beispielsweise muß verminderte Leidenschaft zu einem bestimmten Zeitpunkt der Beziehung nicht unbedingt bedeuten, daß die Beziehung insgesamt gefährdet ist.

Ich weiß, daß ich immer an die falschen Männer gerate. Sie haben immer irgendein Problem – entweder sind sie Alkoholiker oder verheiratet, oder aber sie sind arbeitslos. Doch gerade zu diesen Männern fühle ich mich hingezogen.

Die »Chemie«, die Sie beschreiben, läßt sich wahrscheinlich auf Probleme Ihrer Vergangenheit und auf Unsicherheit zurückführen. Für Sie ist es besonders wichtig zu erkennen, daß Sie diese destruktive Anziehung durchaus ändern können. Wie könnte man diese Beziehungen beschreiben, die Sie zu brauchen glauben? Sind Ihre Bedürfnisse sinnvoll (entwicklungsfördernd) oder nicht (angstorientiert)? Beurteilen Sie Ihre Bedürfnisse aufgrund von romantischen Mythen? Ein Aspekt taucht in allen Beispielen, die Sie uns gegeben haben, immer wieder auf, nämlich daß diese Männer besonders fordernd sind. Was aber sagt Ihre Vorliebe für derart fordernde Männer über Ihre eigene Geschichte aus? Fürchten Sie, daß Sie mit einem starken Mann nicht mithalten oder seiner nicht wert sein könnten? Oder glauben Sie vielleicht, daß die Bedürftigkeit

Ihres Partners der einzige Grund sein könnte, warum er bei Ihnen bleibt?

Es gibt viele mögliche Gründe für Ihre destruktive Anziehung. Überdenken Sie Ihre Neigung, die unmöglichsten Partner attraktiv zu finden, und beginnen Sie damit, sich vorzustellen, daß Sie die notwendigen Voraussetzungen mitbringen, das zu erkennen und Einfluß darauf zu nehmen. Niemand ist ein Opfer der Liebe.

Ich habe wirklich alles getan, um die Probleme in meiner Ehe zu lösen. Nun empfinde ich es nur noch als Zeitverschwendung. Wie erkenne ich, wann es Zeit ist, meinen Partner zu verlassen?

Zu einer solchen Entscheidung kann es keine eindeutige Regel geben. Doch es gibt durchaus einige Schritte, die Sie unternehmen können, um sich Ihrer Situation bewußt zu werden. Sie wissen jetzt mehr über Ihre Möglichkeiten, Probleme in einer Beziehung zu lösen. Zunächst können Sie sich fragen, ob Sie alle Möglichkeiten, die dieses Buch beschrieben hat, genutzt haben. So zum Beispiel, ob Sie Ihr Problem genau definiert haben, indem Sie sich Ihre Vorstellungen und die Ihres Partners genau vor Augen geführt haben. Haben Sie überlegt, inwieweit Ihnen vielleicht Ihre romantischen Ideale im Weg stehen? Haben Sie außerdem versucht, Hilfe von Fachleuten in Anspruch zu nehmen? Haben Sie schon versucht, irgend etwas zu verändern?

Es könnte in Ihrer Beziehung Dinge geben, die eine Lösung unmöglich machen. Wenn Ihnen beispielsweise

Ihr Partner nicht zuhört, Sie mißachtet oder sogar mißbraucht, gibt es wahrscheinlich keine Möglichkeit, die Situation zu ändern. Problemlösung in einer Partnerschaft beginnt an einem Punkt, an dem beide Partner bereit sind, sich gemeinsam liebevoll und respektvoll umeinander zu bemühen. Wenn die Grundvoraussetzungen, Liebe und Respekt, fehlen, kann man sie auch nicht erzwingen.

Dieses Buch kann Ihnen nicht auf jede Frage eine Antwort geben oder Ihnen genau sagen, was Sie zu tun haben. Sie müssen abwägen, ob Sie fortgehen oder bei ihm bleiben. Doch die Regeln der Beziehungsintelligenz können Ihnen zumindest eine Grundlage geben, Ihre Situation zu beurteilen und dann zu handeln.

Mein Mann und ich sprechen über ein Problem, es scheint gelöst, doch tatsächlich geschieht gar nichts. Langsam bin ich frustriert. Wie kann ich erreichen, daß die Dinge sich wirklich verändern?

Wahrscheinlich lassen Sie bei der Lösung Ihrer Probleme den Schritt zur Handlung aus. Sie einigen sich wohl auf eine Veränderung, doch Sie lassen Ihrer Absicht keine Taten folgen. Wenn Sie in Zukunft die Hausarbeit gerechter verteilen wollen, aber die einzelnen Aufgaben nicht verantwortlich aufteilen, werden Ihre guten Absichten niemals Wirklichkeit. Oder wenn Sie nur vage beschließen, häufiger Dinge miteinander zu besprechen, aber nicht genauer festlegen, wie Sie sich das vorstellen; auch dann wird sich wahrscheinlich niemals etwas ändern. Es reicht nicht, sich auf eine

Lösung zu einigen. Sie müssen Ihre Möglichkeiten erkennen, sich auf ein entsprechendes Verhalten einigen und eine bestimmte Methode festlegen, die Ihre Fortschritte sichtbar macht.

Sie behaupten, daß Selbstlosigkeit eine wichtige Voraussetzung für eine gute Beziehung sei, doch was mich angeht, ist mein Problem gerade meine Selbstlosigkeit. Wenn ich mit einem Mann zusammen bin, so stelle ich seine Bedürfnisse immer an die erste Stelle. Ich kann mein Gefühl, daß ich ihm geben sollte, was er braucht, nicht ändern. Aber ich weiß auch, daß es nicht gut ist. Was kann ich tun?

Selbstlosigkeit muß in einer Beziehung gleichermaßen bei beiden Partnern zu finden sein; jedem Partner sollte die gleiche Beachtung entgegengebracht werden. Zu bestimmten Zeiten können die Bedürfnisse des einen Partners wichtiger sein. Doch wenn Sie immer auf Kosten Ihrer eigenen Bedürfnisse nachgeben, so ist das keine Selbstlosigkeit mehr. Oder glauben Sie, daß Sie nicht ebensoviel Respekt wie Ihr Partner verdienen?

Mir leuchtet Ihre Methode, Probleme zu lösen, ein, doch mein Mann ist nicht bereit, sich mit mir gemeinsam hinzusetzen und sie durchzugehen.

Probleme können nicht immer auf gleichem Wege gelöst werden. Sie lösen bestimmt jeden Tag ein Dutzend Probleme ohne bestimmten Lösungsweg. Doch wenn Sie und Ihr Mann in einer Sackgasse gelandet sind und die Angelegenheit ernst ist, reicht eine lokkere Unterhaltung wahrscheinlich nicht aus. Sie müssen sich nicht unbedingt an meinen Plan halten, den ich im fünften Kapitel beschrieben habe, doch Sie sollten bestimmte Punkte beachten: Wie betrachtet jeder von Ihnen das Problem? Wie können Sie Ihr Problem auf einen Nenner bringen und als Herausforderung formulieren (was müßte geschehen, um mit dem Problem besser fertig zu werden)? Welche Alternativen bieten sich Ihnen? Wie werden Sie sich verhalten?

Meine Frau reagiert ständig überemotional. Ich glaube, daß wir unsere Probleme manchmal besser mit logischem Denken objektivieren könnten.

Logisches Denken kann Beziehungsprobleme nicht objektivieren. Zur Logik gehören Fakten, doch wenn es um Alltagsprobleme geht, sind Fakten nur schwer zu definieren. Was für Sie gilt, muß nicht unbedingt für Ihre Frau gelten. Sie glauben wahrscheinlich, daß Ihre Frau aufgrund Ihres emotionalen Empfindens die Fakten nicht kennt, während Sie, weil Sie nicht emotional entscheiden, die Fakten genau kennen. Diese Annahme könnte wohl im Unterricht oder auch im Beruf gelten, aber nicht in einer Beziehung.

Hier sind Emotionen völlig normal. Unsere Gefühle, wie beispielsweise unsere Worte oder auch unser Verhalten, drücken aus, was uns wirklich wichtig ist. Natürlich kann es nicht nur Emotionen geben. Doch Sie möchten vielleicht erfahren, warum Ihre Frau sich hinter Ihren Gefühlen versteckt. Könnte es sein, daß Ihre Frau in der Vergangenheit ihr Gefühle offen ausdrückte und Sie diese Gefühle mit Ihrer Logik erstikken wollten? Hören Sie ihr überhaupt richtig zu?

Wenn zwar Vertrautheit und Verbundenheit in einer Beziehung vorhanden sind, aber die Leidenschaft fehlt, könnte man dann annehmen, daß einfach keine Leidenschaft möglich ist, oder könnte sie später noch hinzukommen?

Meist wird eine romantische Beziehung durch eine gewisse Anziehung ausgelöst, zu der auch leidenschaftliche Gefühle gehören. Vertrautheit und das Gefühl von Verbundenheit entwickeln sich erst langsam. Doch das gilt nicht immer, da Leidenschaft eine emotionale Reaktion impliziert, die eng an Vertrautheit gekoppelt ist. Wenn Sie zu einem Menschen ein vertrautes Verhältnis haben und es sich weiter vertieft, können durchaus plötzlich leidenschaftliche Gefühle hinzukommen. Die meisten Menschen glauben, daß sexuelle Anziehung eine rein physische und vor allem mysteriöse Erscheinung ist. Doch sie ist tatsächlich noch komplexer. Sexuelle Anziehung ist auf kompliziert Weise mit unseren Vorstellungen, Gefühlen und Werten verbunden – und sie alle können sich ändern. Ein einfaches Beispiel: Wir behaupten einmal, ein bestimmter Typ ist sehr attraktiv, ein anderer nicht. Die psychologischen Kriterien, die Sie für sich festgelegt haben, beeinflussen Ihre physische Reaktion. Doch auf einmal lernen Sie jemanden kennen, der diesen Vorstellungen nicht entspricht, zu dem Sie sich dennoch hingezogen fühlen. Wahrscheinlich werden sich Ihre psychologischen Kriterien ändern und die neuen Daten mit einbeziehen.

Wenn mein Mann und ich Streit miteinander haben, endet es jedesmal im Bett, und schließlich kommt es zu keiner Lösung.

Der Grund dafür ist der Streit. Streit bringt Gefühle zutage, er ist leidenschaftlich. Sie erweitern Ihre Leidenschaft und reagieren mit Sex. Doch Streit gehört nicht unbedingt zur Lösung eines Problems. Streit ist offensives Verhalten oder offensiv-defensives. Zur Problemlösung hingegen gehört kooperatives Verhalten.

Ärger, Trauer oder Frustration tauchen auf, wenn Sie beginnen, sich einem Problem zuzuwenden. Doch wenn Sie nicht über diese leidenschaftlichen Gefühle hinauskommen, werden Sie auch keine Lösung erreichen.

Ich habe kein spezielles Problem. Ich liebe meine Frau nur nicht mehr so wie früher.

Jedes Problem hat bestimmte Ursachen, auch wenn es auf den ersten Blick vage und unbestimmt erscheint. Manchmal muß man seine Gefühle erforschen und nach ihrer Ursache fragen. Empfinden Sie weniger Vertrautheit als früher? Verbringen Sie weniger Zeit zusammen? Haben sich Ihre Wertvorstellungen oder die Ihres Partners verändert? Hat einer von Ihnen Interessen entwickelt, die der andere nicht teilt? Ärgern Sie sich über etwas, das Sie nicht auszudrücken vermögen? Haben sich Ihre Vorstellungen von einer Beziehung auf der Basis von Mythen entwickelt, die gar nicht der Wirklichkeit entsprechen? Sie können sich alle möglichen Fragen stellen, um herauszufinden, was Ihnen Ihre Gefühle bedeuten. Wenn Sie einmal die Gründe für Ihre Probleme durchschaut haben, können Sie Lösungsschritte entwickeln.

Glauben Sie, daß sich alle Beziehungsprobleme lösen lassen?

Wenn Sie ein Problem als Herausforderung betrachten, können Sie davon ausgehen, daß jedes Problem zu lösen ist. Doch Sie müssen bereit sein zu akzeptieren, daß das Ergebnis nicht das ist, was Sie sich vorgestellt oder erhofft haben. So kann die Lösung eines Beziehungsproblems auch bedeuten, daß die Beziehung endet. Außerdem muß man sich an die Vorstellung gewöhnen, daß die Probleme oder auch Herausforderungen im Leben nicht statisch sind. Die Art und Weise, in der Sie ein Problem lösen, bringt Sie zu einem neuen Punkt, an dem schon eine neue Herausforderung auf Sie wartet. Wir Menschen haben endlose Probleme und daher auch endlose Gelegenheiten, uns zu entwickeln und zu entdecken.

Empfohlene Begleitliteratur

Brehm, S.S. *Intimate Relationships.* New York: Random House, 1985.

Dieses Buch enthält einen ziemlich umfassenden Überblick zum Wissensstand über intime Beziehungen. Es behandelt zahlreiche Themen, wie etwa physische Anziehung, Zuneigung, Liebe und Beziehungsmuster. Es ist in Form eines Lehrbuches verfaßt, doch auch für einen Laien gut verständlich.

Gardner, H. *Abschied vom I. Q. Die Rahmen-Theorie der vielfachen Intelligenzen.* Stuttgart, 1991.

Howard Gardner erläutert seine Theorie von der multiplen Intelligenz, die über die konventionelle Sicht zur Erlangung geistiger Fähigkeiten hinausgeht.

Sternberg, R. J., und Barnes, M. L. *The Psychology of Love.* New Haven, CT: Yale University Press, 1988.

In diesem Buch sind 16 Essays von führenden Theoretikern und Wissenschaftlern auf dem Gebiet der Liebe enthalten. Sie sind allesamt leicht verständlich geschrieben. Obgleich die Autoren in einigen Punkten nicht übereinstimmen, ermöglicht die Kontroverse lebhaftes und provokatives Lesen in Sachen Liebe.

Sternberg, R. J. *The Triangle of Love.* New York: Erstausgabe, 1988.

Dieses Buch erörtert vollständig meine Theorie des

Liebesdreiecks und beschreibt die Untersuchung, die ich und andere zur Stützung dieser Theorie durchgeführt haben. Außerdem befaßt es sich mit verwandten Themen, wie Wesen und Stadien zwischenmenschlicher Beziehungen.

Sternberg, R. J. *The Triarchic Mind.* New York: Viking, 1988.

In diesem Buch stelle ich meine gesamte Dreieckstheorie menschlicher Intelligenz vor und beschreibe, inwieweit man sie sowohl auf schulische Situationen oder am Arbeitsplatz anwenden kann. Dieses Buch wurde auch für den Laien geschrieben und enthält Übungen, die hilfreich sein können, intellektuelle Fertigkeiten zu fördern.

Sternberg, R. J. und Wagner, R. K. *Practical Intelligence: Nature and Origins of Competence in the Everyday World.* New York: Cambridge University Press, 1986.

Dieses Buch enthält eine Reihe von Essays angesehener Verfechter der praktischen Intelligenz, inwieweit Intelligenz im Alltag genutzt werden kann. Es ist für denjenigen nützlich, der die Anwendung der Intelligenz in verschiedenen Lebensbereichen verstehen möchte.

Dr. Daniel Arooz / Dr. Robert T. Bleck
Sex und Partnerschaft
Mehr Lust an der Lust
304 Seiten

Hypnose oder auch Selbsthypnose haben nichts mit dunklen Mächten zu tun – jeder, der Tagträume hat, ist auch in der Lage, sich selbst Gedanken und Bilder zu suggerieren, die zum Beispiel sexuelle Störungen heilen können. Das Buch zeigt anhand von vielen Beispielen und Übungen, wie mit ihrer Hilfe Verhaltensweisen und negative, blockierende Gedanken verändert werden können und damit die sexuelle Erfüllung erlebbar wird.

Christiane Olivier
F wie Frau
248 Seiten

Im Wechselgespräch mit einer Gynäkologin unterhält sich die Psychoanalytikerin Olivier über alles, was weibliche Sexualität betrifft, über Kindheit, Reife und die Wechseljahre. Diese offene Form ermöglicht ein spannendes, lebhaftes Buch, das keine Frau ausläßt.

Peter Roorda
Verliebt in einen anderen
144 Seiten

In »Verliebt in einen anderen« kommen Frauen zu Wort, die in einen anderen als den eigenen Partner verliebt waren oder es noch sind. Ihre Reaktionen, die Konsequenzen, die sie daraus zogen oder ziehen mußten, und ihre Lebenssicht finden sich in Interviews, die vom Herausgeber mit Fragen und einleitenden Worten begleitet werden.

Luise Eichenbaum/Susie Orbach
Was wollen die Frauen?
224 Seiten

»Was wollen Frauen eigentlich?« Diese ratlose Frage wird nicht nur von Männern gestellt. Auch Frauen spüren Unsicherheit, wenn sie ihre eigenen Wünsche und Bedürfnisse verständlich machen wollen. Genausowenig können Frauen jedoch oft das Verhalten von Männern begreifen. Die Untersuchung der amerikanischen Psychotherapeutinnen Luise Eichenbaum und Susie Orbach ist eine Forschungsreise in ein Konfliktgebiet: die Welt der Liebesbeziehungen. Eine Welt, die Frauen und Männer anders erleben und anders ausleben. Die Autorinnen analysieren das paradoxe Grundmuster, nach dem Männer und Frauen erzogen werden, beschreiben anerzogene Abhängigkeitsbedürfnisse der Frauen und entlarven den »Mythos vom unabhängigen Mann.«

Christel Vandré
Spiel mir das Lied vom Mann
160 Seiten

Die Männer spielen Göttermann, eiskalter Engel, Frauenheld, Lebenskünstler und Muttersohn; die Frauen spielen Märtyrerin, Traumtänzerin, Schneekönigin, Prinzessin und Amme. Thema dieses Buches ist das »Mann-im-Ohr-Syndrom«: die Sucht nach dem Männlichen, die Einflüsterungen des Patriarchats, welche Frauen und Männer gleichermaßen schädigen und zu grotesken Verzerrungen unserer gesamten Persönlichkeit führen. Die Autorin entwickelt mit ihren Rollenbeschreibungen eine verblüffende Typologie, die ständig Aha-Erlebnisse produziert und Selbsterkenntnis in Gang setzt. Wütend und witzig entlarvt sie die Maskerade der Selbstentfremdung.